大阪市立大学文学研究科叢書　10

文化接触の
コンテクストとコンフリクト

環境・生活圏・都市

大場茂明・大黒俊二・草生久嗣　編

清文堂

はじめに

　この場では、本書成立までの経緯について紹介しておきたい。これまで大阪市立大学文学研究科叢書には、同研究科が主催した諸研究活動の記録が収められてきた。本書は2015年に開催された公開国際シンポジウムの成果報告書としての位置づけにある。タイトルを「文化接触のコンテクストとコンフリクト――EU諸地域における環境・生活圏・都市」とした平成27年度大阪市立大学国際学術シンポジウムにおいて発表された講演・報告を中心に掲載し、編集にあたっては各登壇者に改めて寄稿を依頼し、その取りまとめや編成に際して、シンポジウムの雰囲気を損なわないようにした。パネリストの中には、別の媒体で公表を果たされたため本書掲載が叶わなかった方もおられるが、そうした業績もあわせてみれば、同シンポジウムは活字媒体で十分に記録・報告される機会を得た形である。

　国際学術シンポジウムは2015年の12月4日、大阪歴史博物館講堂にて公開講演が、翌日・翌々日のシンポジウムが大阪市立大学杉本キャンパス田中記念館ホールにて行われた。12月7日に国際的に指導的な立場にあった招聘講師との文学研究科院生・学部生の学術懇話会・大阪市内巡検や、翌12月8日にシンポジウム関係者による高野山へのエクスカーションがイベントとして付随している。

　シンポジウムの設営には、本書編者の三名（大場・大黒・草生）に加え、パネリストや翻訳者として寄稿する北村昌史、海老根剛、福島祥行、すなわち大阪市立学文学研究科に所属する西洋文化学者がコア・メンバーとなっている。文学研究科都市文化研究センター（UCRC）から石川優（表現文化学）を迎え、企画当初から開催までに約2年を費やしている。

　このメンバーが独立行政法人日本学術振興会「頭脳循環を加速する若手研究者戦略的海外派遣プログラム」の「EU域内外におけるトランスローカルな都市ネットワークに基づく合同生活圏の再構築」（平成24年度から26年度まで採択）の運営で協働しあう仲であったことが、後にシンポジウムに結実する研究活動を促

i

したことは間違いない。学振の同プログラムは、若手研究者の海外派遣を支援するものであり、その成果については同タイトルの報告書が上梓されているのでそちらに譲るが、担当研究者自身の研究活動も「合同生活圏研究会」の名で運営されていた。そこでは国内における新進の若手研究者を招聘しての勉強会開催を続け、「合同生活圏」という概念に基づくテーマの掘り下げを行っていた。コンテキストに内在するコンフリクト、そして合同生活圏という術語は、そうした過程で熟していったと言える

こうした術語は、テーマや方法論に制約を設けるべく用いられていたというよりは、講演者、パネリスト、ディスカッション参加者に自由に発言してもらうために、研究チームの方で用意した容れ物であったと理解いただければ幸いである。学術的な批判的検討を経て完成された概念というよりは、学際的多様性を許すための便宜的な「見立て」といったほうが正確かもしれない。

生活の在り方は、時には輪郭を失って融合し、時にはモザイク状を保ったまま、地域や文化圏を形成してゆく。これが「合同生活圏」についてこのメンバーがぼんやりと共有したかろうじて可能な説明である。言葉の由来はオイクメネーもしくはイクメニというギリシャ語であり、言葉の意味は「人によって住まわれたところ」すなわち「居住圏」である。ただしイクメニ（もしくはエクメニ）の語をそのまま用いるのはいささか衒いすぎであり、またすでに近代ヨーロッパ語に、地理学における可住地域や、エキュメニズムという派生概念があって混乱を招きかねない。さりとて「生活世界」や「生活圏」という表現にももの足りなさがあった。もちろんそうした既存術語群と重なる部分もある。しかしそのことで対象への視野をせばめることがないよう、生活圏が集まっているという見立てを支える程度に「合同」という形容を付けて術語化したのである。

ただしそれでは研究対象が拡散しすぎ。シンポジウムではそこに関係研究者たちのフィールドや志向性による枠組みが検討された。シンポジウム開催企画書を引用する。

> 「現在、世界の諸地域では、グローバリゼーションの加速化にともない、トランスナショナルな人口移動が継続して生じている。その結果、地域にお

ける人々の生活文化は多彩なモザイクの体をなしており、我が国も含め諸国・諸地域での対応が模索されている。とくに地域間での異文化との接触面を多数擁するEU地域において、多文化共生は長らく理想とされながらも、頻発する確執への未だ解決への回路は見いだされておらず、市民の生活環境に直結する課題は尽きない。本シンポジウムでは文化的性格を異にするEU諸地域と我が国に、等しく存在するこうした現在的問題を21世紀における人類的課題として見すえる。方法的にも従来、異なった形で取り扱われてきた問題群を比較し、各方面の専門家と情報共有を果たすなど、それらの解決の糸口を一般的・学術的に模索、提示したい。

　本シンポジウムのアプローチである文化接触への着目とコンテクストとコンフリクトに焦点を絞ったテーマ設定は、多分野にまたがる比較考察を最も有意義な形で可能にするものである。文化接触によって生ずる宗教対立や民族衝突、離散（ディアスポラ）とアイデンティティ、セグリゲーションと包摂といった問題群は、時代や地域を問わず発現しうる。さらにそれぞれの文化接触の中には、研究によって明らかにされるべき実情（コンテクスト）、解決が模索されている諸問題（コンフリクト）が内在する。これらをターム化することで、共通の議論の枠組みを与えることが可能になる。」

　パネリストの選定は、それまでの活動業績をもとにふさわしい論点を開示していただける方を探し出すという形で行われた。実行委員が知己のあるなしに関わらず、登壇をお願いしたいと考えたならば、可能な「つて」を恃んで交渉するというやり方を繰り返している。その結果、地域や分野においてそれぞれの分野では重鎮であったり気鋭であったりする方々が、多彩なフィールドから集っていただくことになった。

　招聘講演者としてのヨアヒム・ラートカウ氏とヴォルフガング・カシューバ氏について、詳しくは解題を参照されたいが、シンポジウムに参加いただくに至った経緯に触れておきたい。環境史研究において卓越した業績を残し、日本でも多くの邦訳書が出版されているヨアヒム・ラートカウ氏は、以前大阪市立大学主催の研究会において講壇にも立たれている。そのときの縁もあり、シンポジウム実

行委員会メンバーの大黒、およびラートカウ氏の『自然と権力』および『ドイツ反原発運動小史』の翻訳者の一人でもあった海老根がラートカウ氏の招聘に尽力した。とくに海老根は氏の論理や文体を熟知していたことも手伝って、シンポジウムの場ではラートカウ講演の同時通訳を行っている（本書所収）。ウォルフガング・カシューバ氏招聘に際しては、そのベルリンをテーマとされた社会学者としての活動について、大場・北村・海老根らの携わるドイツ都市文化学の見地から注目を集めていた。まったくの知見をもたないながら、実行委員会メンバーは打診を試みて快諾をとりつけた経過がある。その際シンポジウム登壇者および本書寄稿者でもある森明子氏の言葉添えをいただいた。

またこの場を借りて、ラートカウ氏やカシューバ氏と並び故ウルリヒ・ベック氏（社会学者、元ロンドン・スクール・オブ・エコノミクス）が、企画段階で強くノミネートされていたことを同氏追悼の意味もこめて言及しておきたい。氏は『世界リスク社会論：テロ、戦争、自然破壊』島村賢一訳2010年、および『リスク化する日本社会：ウルリッヒ・ベックとの対話』鈴木宗徳, 伊藤美登里編, 三上剛史2011年などにより、日本への注目においても知られる。ただし実際の打診・登壇依頼交渉に至る直前の2015年の年頭に逝去され、実行委員会は動揺した。本来であればこうしたケースの場合、出講を辞退された場合同様、お名前を伏せてしかるべきかもしれない。しかしながら我々はベック氏の「3.11」後の日本についての発言を重く受け取め、可能であればシンポジウムテーマに則した形での講演を強く期待していたのである。

シンポジウムの後に開催された実りの多かったエクスカーションについて、その記録を本書にとりこみ得なかったことは惜しまれるところである。大阪市立大学文学研究科に付設されているインターナショナルスクールの企画として、ゲスト講演者との学術的意見交換、および大阪九条界隈における都市生活圏の巡検は、若手研究者・大学院生の企画で行われている。豊かな知見を持つ講演者たちによる若手への論文指導と、地域に親しむ大阪史専門家院生による巡検は、専門の枠を超えて興味深いものであった。また、高野山巡検は、世俗都市大阪と直結した聖都空間をみていただくという趣向で計画された。人工の活きた空間でありながら、積る歳月によって緑化しつつあるかのような高野山は、ちょうど壇上伽

藍中門が再建された後で明るく、一行に有意義な時間を提供してくれた。

　各章および各論考を統括する解題については、それぞれ著者を立てて別途寄稿してあるほか、「おわりに」の場においてシンポジウムおよび寄稿に対する評が添えられているので、そちらを参考にされたい。　　　　　　　　（草生　久嗣）

文化接触のコンテクストとコンフリクト
〈環境・生活圏・都市〉

目　次

はじめに……………………………………………草生久嗣 i

第Ⅰ部　都市と森林

古い都市と森林 ……………………………ヨアヒム・ラートカウ 3
　　──持続可能性の隠された諸起源　　　　　／海老根剛 訳

第Ⅱ部　「合同生活圏」──共生か敵対か？

　解　　題 ……………………………………………海老根剛 23

「犠牲のシステム」を超えるコ・プレゼンスは可能か？ …吉原直樹 27
　　──原発事故被災者と支援者の間
　　　はじめに
　　　1. 「合同生活圏」をめぐる三つの争点
　　　2. 「犠牲のシステム」へ／から
　　　3. まなざされるコ・プレゼンス
　　　4. コ・プレゼンスから：いっそうの経験的地層へ
　　　おわりに

原子力施設立地をめぐる対抗的"合同生活圏"の形成 …青木聡子 51
　　──ドイツの事例から
　　　1. はじめに
　　　2. ドイツにおける原子力施設反対運動の概要と特徴
　　　3. ヴィール闘争における"抵抗の論理"
　　　4. ゴアレーベン闘争における"抵抗の論理"
　　　5. まとめにかえて──対抗的"合同生活圏"の今日的意義

見えない「戦闘地帯(Kampfzone)」……………………菅　豊 83
　　──都市の社会的弱者の静かなる排除
　　　1. はじめに──協働的統治の隆盛
　　　2. アジール（Asyl）としての隅田川

3. 排除されるホームレス
　　4. 監視員としてのベンチ
　　5. 河畔に溢れる排除装置
　　6. 表の非情と裏の有情
　　7. 協働的なホームレスの排除
　　8. 結　　語

第Ⅲ部　都市におけるセグリゲーション

　解題：舞台・ベルリン——変転するメトロポリス…………大場茂明 119

公共空間における都市社会………………ヴォルフガング・カシューバ 123
　　　　　　　　　　　　　　　　　　　　　　　／大場茂明 訳
　　1. ベルリンにおける公共空間の「文化化」
　　2. 共通の場からアイデンティティの再生へ
　　3. 今後の課題

移民が語る都市空間——想像界と場所について……………森　明子 141
　　1. はじめに——なぜ移民が語る都市空間か？
　　2. いくつかの議論——場所・空間の上昇
　　3. 叙　　述
　　4. 結びに代えて——トランスナショナルな都市の場所について

嫌われた住宅地の社会史 ………………………………………北村昌史 169
　——ブルーノ・タウト設計「森のジードルング」
　　はじめに
　　1. ジードルング建設の歴史的背景
　　2. 馬蹄形ジードルングの祭り
　　3. 第一回フィシュタールの祭り（1929年）
　　4. 1930〜1932年のフィシュタールの祭り
　　おわりに

第Ⅳ部　文化接触のコンテクストとコンフリクト
——環境・生活圏・都市をめぐって

総括パネルディスカッション……………………………………………… 203
　　　　　　　　　　　司会　大場茂明
　　　　　　　　　　　　　　大黒俊二
　　　　　　　　　　　パネリスト
　　　　　　　　　　　　　　海老根剛
　　　　　　　　　　　　　　ヴォルフガング・カシューバ
　　　　　　　　　　　　　　ヨアヒム・ラートカウ

「合同生活圏」をめぐって——「おわりに」にかえて ………大黒俊二 237

第Ⅰ部　都市と森林

古い都市と森林――持続可能性の隠された諸起源

ヨアヒム・ラートカウ

/海老根剛 訳

　人間が森林や木材と取り結んできた関係の歴史に深く取り組むとき、ひとは熱狂状態にとらえられることがある。そして、これはドイツの歴史家や森林愛好家だけでなく、日本の歴史家や森林の愛好家にも起こりうることだと思われる。すなわち、森林と木材を求めて歴史を探究する者は、偏執狂的になり易く、いたるところに木材を発見するのである。ヨーロッパでも日本でも、森林と木材は生活、経済、文化の基盤として、いたるところに存在した。歴史を深く掘り下げ、その諸基底に注意を払い、厳密に注視するならば、ひとはくり返し、森林と木材に遭遇することになる。

　ヴェルナー・ゾンバルト（1863―1941）は、同時代人であるマックス・ヴェーバーと同様に、近代の社会科学の創始者に数えられるが、彼らはいずれも、彼らの後継者たちとは大きく異なり、自然が生の基盤であり、人間の文化も自然資源との関わりを通して形作られるのだということを決して忘れなかった。ゾンバルトにとって、工業化以前の時代の文化の全体はその根底に内的統一を有していた。この統一は、後から振り返るときにはじめて認識可能となるのだが、歴史家たちにはまったく注目されていなかった。それは「とりわけ木材によって形作られた」統一である、とゾンバルトは「近代資

本主義」を論じた大著で述べている。したがって、彼は全体としての前近代の世界を「有機的文化」と特徴づけ、近代資本主義の「非有機的な」文化と対照させた。ゾンバルト経由で私は、1980年頃、世界史の秘密の鍵としての木材に行き着いた。当時、私は、それまで自分が取り組んできた「原子力技術」というテーマの対極にあるものを探していたのである。

　ゾンバルトの議論に話を戻すと、そこには奇妙な点がある。本来であれば、「木材の文化」の「有機的」性格から帰結するのは、この文化が成長についても有機的な観念を持ち、成長の限界に意識的だった、ということのはずである。実際、樹木は天まで伸びたりはしないのだ。したがって、「有機的」な文化はみずからの再生、現代的な言い方をすれば、「持続可能性」を志向した、と論じることになるはずだ。ところが逆説的にもゾンバルトは、まさしくそうした結論を下さないのである。まったく反対に、木材を無駄使いすることが「木材の文化」の活力の一部であったという印象を、彼は喚起する。ゾンバルトによれば、このような仕方で、しのび寄る生態学的自殺が避けがたいものになったのである。すなわち、彼の叙述にしたがうなら、不可避的に拡大していった木材不足が前近代の時限爆弾となる。中世末期と近世初期のヨーロッパの諸都市で生じた経済活動の急激な成長は、木材資源の枯渇ゆえに18世紀には没落の直前にあるはずだった。ところが、まさしくこの瞬間に、石炭が力強い救世主として現われたのであり、それが資本主義のダイナミズムを途方もなく高めたのだった。――そのようにゾンバルトは述べている。

　ここで私たちの眼前に、人間と自然の関係における巨大なドラマが浮かび上がる。ゾンバルトの命題は、純然たる空想などではなかった。それどころか彼は、森林の破壊と差し迫った破局的な木材不足を嘆く当時の多数の声に依拠することができた。1790年にドイツの指導的な林学雑誌である『森林文庫』は、木材の濫費と盗難がますますひどくなっていくだろうと警告した。「森林の荒廃が公然たる強姦と結び付いており、今後は間違いなく流血の結果をもたらすであろうことを考慮するなら」、もう一度厳しい冬が到来した

暁には、最悪の事態が危惧される。こうした言葉には、直前に勃発したフランス革命の遠隔的な効果を感じ取ることができる。木材を節約する暖炉の発明者は、確かに自分の存在意義を強調するためでもあったが、1797年に次のように予言した。「木材不足が今後20年間に、過去20年間と同じペースで拡大するなら、神様の慈悲にすがるしかない」。大多数の人々は、収入の大部分を木材（薪）に支出しなければならないだろう。ただでさえ革命戦争で広まった道徳の荒廃の前では、「どんな果樹も、どのような庭の柵も、そしていかなる農場の門も、もはや安全とは言えないだろう」。

　何人かのドイツの環境史家は、「森の死」の警告がドイツに響き渡った1980年代初頭、こうした嘆きを感激をもって再発見したのだった。「森の死――かつて、そして今ふたたび」がモットーだった。当時、私はすでに何人かの協力者とともに、18世紀と19世紀の木材不足がテクノロジーに及ぼした影響について研究プロジェクトを開始していた。しかし、文書館で調べを進めるうちに、私たちは厄介な問題に直面していることに気づくことになった。すなわち、無数の森林規制法では切実な調子で嘆かれていた木材不足への言及が、営林関連文書には、多くの場合、まったく見当たらなかったのである。その代わりに私たちが少しずつ発見していったのは、そうした嘆きの多くが特定の利害と結び付いていたことだった。国の林務官は、伝統的な慣習法に依拠する農民やその他の森林利用者を森林から追い出すために、この嘆きを利用した。そして、農民や他の森林利用者の方もまた、みずからの権利を主張するために、木材不足を嘆いたのである。「木材不足」の警鐘は、しばしばテニスボールのように、こちら側と向こう側の間を飛び交ったのである。

　こうして私はだんだんと、みずからをゾンバルトの伝統に対する修正主義者に仕立て上げ、1800年頃に差し迫っていたとされる森林伐採による破局を根本的に疑ってみるという野心にとらえられることになった。そういうわけで、私は「木材不足論争」を巻き起こしたのだが、この論争は今ではウィキペディアにも独立した項目として掲載されている。ひょっとしたら私は、論争に熱心になるあまり、行き過ぎた主張をすることがあったのかもしれな

い。かつてドイツ連邦共和国の技術大臣を務め、環境保護者にして原子力の反対者へと転身したフォルカー・ハウフは、1980年代に「持続可能な開発」を世界的な合言葉にした「ブルントラント委員会」でドイツを代表したが、その彼が私にこう言ったのである。「差し迫った森林の没落に対する警告は、18世紀末にはそれでも予言的な意味を持っていたのだ。なぜなら、当時、工業化のダイナミズムが駆動しはじめていたのだから。そして、もし工業化が木材を基盤にしたままさらに進展していたならば、そうした不吉な予言は実際に現実のものとなっていただろう」。木材の歴史の皮肉はこの点にある。まさしく「木材不足」の警鐘こそが、現実の木材不足が滅多に起こらないようにすることに寄与したのである。

しかしながら、多くの都市の下層住民にとっては、18世紀に実際に重苦しい木材不足が存在したことも、忘れてはならない。1780年代の報告によれば、ベルリンの平均的な労働者家庭は、パンよりも薪により多くのお金を費やさねばならなかった。ヴュッテンベルクでは16世紀にすでに、貧しい男は日々のパン以上に薪の心配をしているという嘆きが聞かれた。ひとは饒舌に語られる木材不足と語られることのない木材不足を区別しなければならない。通常、最も声高に嘆くのは、その嘆きによって何かを得られるだろうと期待できる人々である。それに対して、木材に関する特権を持たず、自由市場に依存していた他の人々は、嘆いてみたところで価格をますます高騰させるだけだったのだ。ここだけではないが、本当の困窮はしばしば言葉を持たないのである。

差し迫った木材不足の警告によって権力政治が営まれたのであり、同様のことはこんにちでも、必要に応じて環境保護の論拠を用いてなされている。こうした事情にも、環境史家は注意を払わねばならない。1480年頃、チューリヒ市長のハンス・ヴァルトマンは、古い慣習法を反故にする、新たな森林統治を押し通そうとした。しかし、この試みは公然たる暴動を引き起こし、ヴァルトマンの処刑で収束したのだった。まさしくチューリヒの場合には、木材不足という論拠にまったく説得力がなかった。というのも、この都市

は、当時としては異例なことに、すでに中世末期に独占使用権を持つ広範な都市森林を所有していたのだから。チューリヒのジールヴァルトについては、1983年にチューリヒ市議会によって二巻の大著が編纂されており、私見ではドイツ語圏のすべての都市森林の歴史の中で、この森林は最も網羅的に記述されていると言える。

　私たちがこんにち「環境意識」として理解している事柄は、都市で最も早く記録された。都市では、私たちの時代よりもずっと以前に、水と空気の汚染に対する嘆きが響き渡ったのである。そして木材不足の嘆きは、そうした苦情よりもさらに古かった。極端な事例はロンドンである。ロンドンでは1661年に影響力のある作家ジョン・イーヴリンが、その後一世紀以上にわたって版を重ねることになるパンフレット『フミフギウム』を出版した。イーヴリンも書いている通り、これは「地獄のような煙」に対する弾劾の書だが、彼が問題にしたのは石炭の煙であった。ロンドンでは他の大都市よりも早く、石炭の燃焼が定着した。したがって、イーヴリンは木材（薪）の燃焼への回帰を主張したのだが、そのためには大規模な植林がなされねばならないことを知っていた。この植林を説いたのが、三年後に出版され同様に広く知られることになった『シルヴァあるいは森林論』だった。こんにちでも都市は少なからぬ事例において環境政策のパイオニアである。私たちが現在「環境保護」の名のもとに理解している事柄は、百年前にはしばしば「都市衛生」として進行した。とはいえ、都市は持続可能な森林政策においてもパイオニアだったのだろうか？

　これは答えるのが難しい問いである。営林史に関するドイツ語の文献では、都市は否定的に言及されるのでなければ、基本的に軽視されている。都市森林の歴史に関する一連の著作が確かに存在するものの、そうした研究の視野は、たいてい一地方に限定されている。営林史の記述は領邦君主の営林行政の周辺で成立したが、この営林行政は持続可能な林業の発明者を自任しており、強情な都市をどちらかと言えば阻害要因とみなしていた。私自身、1989年に、当時まだ文献が存在しなかった故郷の都市ビーレフェルトの木材

経済に取り組んだ。ビーレフェルトは大きな都市森林も木材を輸送できる河川も所有していなかった。1842年にプロイセンの郡長ディトフルトは、ビーレフェルトでは「少なからぬ家庭がもっぱら木材の盗難と盗んだ木材の売買で生計を立てている」と憤っていた。当局のもう一人の代表者、すなわち法律顧問官ベッセルも、1847年に、「森林での盗みの際に、男女が木々の茂みに集まり有害な祝宴を催している」ことに腹を立てている。一方、リベラルなビーレフェルト市長ケルナーは、こうした道徳的非難を笑いものにしていた。ここにはすでに1848年の革命の反抗的な気分が感じられる。

　さて実際のところ、都市の森林・木材経済について一般的な発言を行うのは不可能である。包括的な視野に立つ文献の欠如は、この点からも説明できる。自治都市と領邦君主に服従する都市の間には、根本的な相違があった。また後者の諸都市の中でも、王宮所在地の有力な都市は、最も容易に木材を調達できた。さらに、その都市が、(1)都市経済にとって中心的な意味を持つ産業的な木材大量使用者を抱えているかどうか、(2)筏に組んで木材を大量輸送できる河川沿いに立地しているかどうか、(3)豊富な都市森林を所有しているかどうか、によって極端に大きな違いが生じた。ブザンソンは、18世紀を通じて、都市に属することなく都市住民の木材需要と競合する「木材を貪り食う」製鉄所が都市周辺に建設されることに対して戦いを挑み、差し迫った木材不足の警鐘を鳴らした。他の諸都市と比べれば、周辺の森林に対してうらやましいほど良好なアクセスを確保していたにも関わらず、ブザンソンはそうしたのである。一方、鉄鋼業の中心地であった小都市シュマルカルデンは、チューリンゲンの森に隣接していたにもかかわらず、18世紀に木材不足の警告を発した。この都市はチューリンゲンにあるヘッセンの飛び領地だったために、チューリンゲンの森に自由にアクセスできなかったのである。「シュマルカルデンの火力を用いる職人の全ギルド」は、1795年にヘッセン方伯宛ての請願書の中で、木材不足のために「私たちの世界に知られた工場がいまや墓の縁に立っており、私たちの完全な没落ももはやそう遠いことではないように思われる」と嘆いている。確かにひとは、こうした種類の嘆き

をつねに額面通りに受け取る必要はない。

　諸都市の森林・木材政策について、一般的な価値判断を下すことはできない。だが、いま挙げた三つの事例の中に、これまでのところまだほとんど評価されていない持続可能な経済の端緒を認識できる。この点に関して、以下に6つのポイントを挙げておこう。

　(1)　木材の供給は製塩都市にとって、第一のテーマだった。シュヴェービッシュ・ハルの製塩所の絵では（『木材と文明』92頁の図版参照）、塩泉が巨大な木材の山で取り囲まれており、ほとんど見えないほどである。というのも、日本で主流だった海岸の塩田では太陽が塩水を蒸発させるのに対して、中央ヨーロッパの製塩都市では塩は塩泉の塩水を沸騰させることで得られたからである。1917年にオーストリアの歴史家ハインリヒ・リッター・フォン・スルビクは、すでに16世紀には木材不足に対する不安が製塩所にとって「不気味な幻影」となっていたと書いている。ある程度まで苦境から美徳を生み出すことは可能だった。フリードリヒ大王は、その遺書の中で、「製塩所の秘密」は木材を節約する方法にあると述べていた。この言葉は、エネルギーと環境に取り組む現代の政治家の勧告を想起させる。すなわち、最大のエネルギー源はエネルギーの節約なのである。本来、再生可能エネルギーとエネルギー節約技術は切り離しがたく結びついている。しかし、こんにちと同様に当時もまた、それぞれを宣伝するのは、しばしば別の人々だったのである。

　アルプスの麓にあったライヒェンハルの製塩所は、とりわけ大量の木材を必要とした。というのも、その塩泉は塩分の含有量が比較的少なかったからである。この製塩所はみずからの森林を所有していた。営林史家のゲッツ・フォン・ビューローは、その著書『ライヒェンハルの煮沸用森林』（1962年）で、この製塩都市よりも早期に持続可能な林業への要求が掲げられた場所はほかにないと書いている。1509年以降、ライヒェンハルでは「永久林」が明示的な規範だった。ライヒェンハルの市長が1661年に書いた文書は、

第Ⅰ部　都市と森林

「永久林」の概念を印象深い仕方で説明している。「神は塩泉のための森林を、それが永久に存続するように創り出したのである。したがって、人間は次のことを守らねばならない。すなわち、古い森がなくなる前に、若い森がすでに成長しているように配慮するのである」。この引用はあまりに素晴らしいので、私は自分が執筆した教科書『歴史の中の人間と自然』（2002年）に収録したのだった。

　こんにちでは一般に、ザクセンの鉱山監督官ハンス・カール・フォン・カルロヴィッツの『林業経済学』（1713年）が持続可能な林業の創設の書とみなされている。300年後の2013年には、ドイツでカルロヴィッツを記念する一連の会議が開催されたが、私はユネスコから、『林業経済学』を世界文化遺産に選定するための所見を執筆するように依頼を受けた。私は所見を執筆したが、良心の呵責がまったくなかったわけではない。というのも、この本には「持続可能」という言葉はたった一度しか登場しないからである。実際には、製塩都市ライヒェンハルが、領邦君主の鉱山監督官よりも優先されるべきだったのである。

　30年前に製塩都市シュヴェービッシュ・ハルの文書を調べていたとき、私は突然笑い出してしまった。1738年に市議会は差し迫った木材不足を根拠にして、枝条化装置を建設しようとした。この装置を用いると塩水の一部が蒸発し、それによって木材を節約できるのである。この18世紀の大規模技術は、製塩業者には費用がかかりすぎるうえに、こんにちの太陽光パネルとは異なり、暖かい晴天の日にしか機能しなかった。しかし、この技術はまた同時に、それまで製塩業者の同業組合の手中にあった製塩所に対して、市議会の支配を確立するのに役立つものでもあったのだ。同業組合の代弁者は、木材不足の不安を煽り立てる試みを嘲笑した。「木材不足の嘆きは大昔からあるので、そうした文書を読むと目と耳が痛くなるほどである」。そうした嘆きは、「200年以上にわたって吹聴されてきた話」であり、森林の状態は「どんどん良くなっている」にもかかわらず、永久に繰り返されるのだ。そして、この人物はさらに付け加える。「森の神はいまだ健在であり」、人間が近

視眼的なエゴイズムに陥らなければ、神は森林を維持してくれるのだ。

　この同業組合の代弁者は敬虔な男だ。彼が森林の守護者としての神に依拠するとき、彼は本気でそう言っている。当時の私の修正主義的野心にとって、この文書はお誂え向きの代物だった。そこからの最良の引用を、私はすでに言及した教科書に採用した。私はまた、シュヴェービッシュ・ハル出身のある経験豊かな製塩の専門家の苦情にも笑わずにはいられなかった。この人物が言うには、「木材の節約を唱道する男たち」は都市にとって「真の災厄」であり、彼らはたいていの場合、単なる「山師か悪徳商人」なのだった。たとえそれがエネルギーを節約し、環境に優しいと宣伝される場合でも、イノベーションは批判的に扱われねばならないという問題は、すでに当時から、こんにちと同様に存在したのだ。ゾンバルトは哲学者のブレーズ・パスカルを引用している。発明家とみなされている人々の大部分、しかもその最も雄弁な者たちは、ほら吹き以外のなにものでもない、とパスカルは1670年に嘆いていた。こうした哲学者の嘆きが、ひっきりなしにイノベーションが喧伝される現在でもアクチュアリティを保っており、記憶に留めておくに値するものなのかどうかは、議論する価値がある。

　(2)　1972年、ローマクラブによる報告書『成長の限界』が大きな議論を呼ぶ世界的ベストセラーになった。そこでは、成長の限界が、大量のコンピューターによって得られたショッキングな新発見として提示された。古い諸都市では、「成長の限界」についてベストセラーを書くことはできなかっただろう。この限界はすべての同時代人にとって自明だったのだから（私の推測では、ドイツでも日本でも、戦後の最初の数年間には、成長の限界の発見でセンセーションを巻き起こすことなど考えられないことだっただろう）。その限りにおいて、ゾンバルトが「木材の時代」を「有機的な」時代として特徴づけたことは正しかった。もっとも、当時もこんにちも、どの時点でこの限界に到達したと言えるのかをめぐっては、論争が尽きない。しかし、しばしば移住者に市民権を付与することに慎重だった城壁で囲まれた諸都市は、たいて

いの場合、絶えず成長し続けようという野心など持っていなかった。それらの都市は、その構造からして成長を志向していなかったのである。職人たちによる影響力の強いギルドは、生産を制限することに注意を払っていたし、新参者に対しても好意的でなかった。したがって、木材資源が限定されていたことを、くり返し軋みをあげて野心的な成長策を阻止したブレーキのように思い描くのはまったく的外れである。むしろそうした資源の限定性は、これらの都市の全体構造に適合していたのである。石炭の時代とはまったく異なり、できるだけ多くの工業的なエネルギー大量消費者を誘致しようなどという考えは、これらの都市には思いもよらないことだったろう。

このことは、豊かで誇り高いニュルンベルクにさえ当てはまる。ニュルンベルクはリヒャルト・ヴァグナーのオペラ『ニュルンベルクのマイスタージンガー』によって古いドイツの都市の栄光を体現することになった。『木材と文明』の108頁には、1516年のニュルンベルクの図版が掲載されているが、そこでこの都市は二つの大きな森林に囲まれている。この図版は、「森林とともに創設された」という都市の主張を強調するものだが、実際にはニュルンベルクは、数世紀にわたってホーエンツォレルン家の伯爵たち（後のドイツ皇帝の祖先）と森林の権利を争わねばならなかった。この都市は、他のたいていの重要な諸都市とは異なり、木材を遠方から輸送できる大きな河川に面していなかっただけに、周辺の森林の利用がますます重要だったのだ。ニュルンベルクの森林は、針葉樹の人工的な植林が大規模に営まれた中央ヨーロッパで最初の営林だった。ニュルンベルクではすでに1368年から針葉樹の植林が行われていたのに対して、他の地域ではようやく18世紀に始められた（しかし、ひとはまもなく針葉樹のモノカルチャーが害虫被害に弱いという苦い経験をしなければならなかった）。

だがニュルンベルクは、産業的な木材大量消費者に対して制限を設けようとつねに心掛けていた。皇帝ルートヴィヒ４世（バイエルン公）は、1340年にニュルンベルク市民の要望に応え、炭焼き職人、ガラス職人、瀝青焼き職人の森林に対する権利を破棄し、馬車職人と樽職人に対して木の伐採を禁止

古い都市と森林

しさえした。ニュルンベルクは金属加工業の拠点であったにもかかわらず、この都市は自分たちの森を守るために、1460年以降、銀と銅の精練所をチューリンゲンの森に移転させた。1593年には、ビール醸造所の木材使用の権利すら制限された。宗教改革の結果、ドイツではビールの凱旋行進が始まっていた。現代的な言い方をするなら、ニュルンベルクのような都市は「質的発展」に頼っていたのである。

　似たようなことは、神聖ドイツ帝国の中心都市であったアウクスブルクにも当てはまる。この都市は1490年に、市民への薪の供給を脅かさないように、周囲6ドイツマイル〔約45キロメートル〕に精練所を建てることを禁じたのである。多くの古い都市の美しさと、それら諸都市の職人たちの熟練は、成長の限界と関連している。このことをひとは思い出すべきだろう。当時の産業では、森林のサイズに合わせて活動せねばならないという規範が有効であった。もっとも、具体的な事例においてそれが何を意味するのかという点をめぐっては、際限なく多くの争いがあったのであるが。森林の歴史は戦いに満ちている。しかし、それはまた人々がくり返し合意を見出したことの歴史でもある。歴史家の視線を最初に釘付けにするのは戦いである。しかし、たとえ派手さはないとしても、くり返し見出された合意もまた見逃されてはならないだろう。

⑶　近代以前の時代には、河川は交通手段として、しばしば道路よりも重要だったので、比較的大きな都市はたいてい河川沿いに発展した。そして、それらの諸都市は自分たちが必要とする木材の大部分を都市森林からではなく、河川経由で取り寄せていた、という印象を受けることがある。筏流しによって、あるいは、それが船舶の運行を危険にさらすことのない河川では、筏に組まぬまま木材を流して、運んだのである。王宮の所在した強力な都市ウィーンは、18世紀には必要な木材のほんの5パーセントだけをウィーンの森から供給し、残りはすべてドナウ川とその支流を経由して取り寄せていた。木材を組んだ筏の到着は万人の眼前で進行したのであり、いくつかの都

市では大きなイベントであった。

　こうしたことすべてにおいて注意すべきなのは、このような条件のもとでは、都市当局が木材市場と木材の分配をコントロールできたということである。そこでは原則として、「家政の必要」の原則が支配した。現代の言い回しを用いるなら、「自給自足」(生業経済)であり、この原則が産業の要求よりも優先権を持っていたのである。すでに見たように、ニュルンベルクのような豊かな交易都市においてすら、自給自足(生業経済)の諸規範が深く根づいていた。もっとも、市民の必要については、いつでも論争できたのであるが。豊かな森林を持つフライブルクは、そのうえライン川にも面していたので、中世にはみずからの森林を銀鉱山に役立てる余裕があった。しかし、銀の採掘が衰退すると、そこでも自給自足の原則が勝利した。もっぱら遠隔地貿易に魅了された昔の経済史家は、それを退歩とみなしたのだった。一方、環境意識の発展とともに、ひとは人間の基本的欲求を優先的に扱う経済様式の賢明さを再発見している。

　(4)　河川沿いに位置する強力な諸都市は、多くの場合、いわゆる「互市強制権」を請求した。すなわち、それらの都市は、都市を通過する船と筏に対して、しばしば固定価格で一定期間のあいだ商品をみずからの市場で販売するように強制したのである。まったく意外なことではないが、互市強制権は終わることのない紛争の元であった。木材を実入りの多い価格で売ることもできずに都市の波止場に何日も留め置かれた筏乗りは、しばしば激怒した。ヴェーザー川沿いに立地する都市で、醸造所のために大量の木材を必要としたミンデンは、1595年にみずからの司教を帝国高等裁判所に告訴した。というのも、この司教がミンデン市民に対して、ブレーメン行きの木材の積み荷を通過させるように命じたからである。互市強制権は、同じ河川沿いに立地する都市の間の紛争の源泉だったのである。1746年、シュトゥットガルト市が船乗りたちには安すぎると思える木材価格を決定したとき、ネッカー川の「全船乗り」がストライキに突入したのだった。

古い都市と森林

　18世紀に自由貿易の理念が広まるにつれて、互市強制権は脅迫であるという評判が増えていった。とりわけ、商品を安値で売るように商人が強制された場合に、そうした悪評が広まった。ビーレフェルト近郊の村の牧師であったヨハン・モーリツ・シュヴァーガーは、現在では1804年に出版されたライン川沿いの旅の詳細な報告で知られているが、親愛なる神は世界を自由貿易のために創造したのだと信じており、互市強制権にもとづくケルンの「盗賊の幸運」に激怒した。しかし、当時だけでなく、地域志向の経済様式の利点を再発見しているこんにちでも、物事を別の仕方で見ることができる。1933年にウィーンからイギリスに亡命し、後にアメリカ合衆国に移住したカール・ポランニーが1944年に最初に出版した著作『大転換』はよく知られている。私の著名な同僚で2014年に死去したハンス=ウルリヒ・ヴェーラーは、自身は長年にわたりかなり異なる経済的立場に立っていたが、『大転換』を現代の学問における数少ない真に天才的な著作に数えていた。「市場の創設は後期石器時代からかなり広まっていたけれども、私たちの時代より以前には、ただ原則としてだけであれ、市場によって操られた経済様式など、決して存在しなかった」と、ポランニーは指摘している。このことを昔の経済史家のほとんどは見逃していた。彼らは遠隔地貿易に対して、魅了された眼差しだけを向け、この貿易の制限にも理性が備わっていることに注意を払わなかったのである。

　ポランニーの命題がすべての経済部門にどの程度まで当てはまるのかはひとまず措くとしても、それが木材経済（林業）に当てはまることはほぼ確実である。生活に必要な物資を人間に供給することを市場よりも優先することは、全体として、自然資源との持続可能な関係を促進したと、ポランニーが述べているのには根拠がある。よりによって「持続可能な開発」をマジックワードに押し上げた1992年のリオ地球サミット以降、市場のグローバルな支配が、こんにちの技術的可能性に支えられて歴史上かつてないほどに猛威を振るったことは、現在から見ると、歴史の皮肉である。まさしくすべての人々が持続可能性を承認した時代に、現実の経済行動はこれまで以上に短期

第Ⅰ部　都市と森林

的利益を志向しているのである。このことはドイツに認められるが、おそらく日本に関しても事情はあまり変わらないだろう。

　(5)　領邦君主の営林管理局による森林規制法は、それに対応する都市の政令よりもはるかに饒舌で印象的である。しかしながら、こうした規制法が、多くの場合、ただの紙切れに過ぎなかったことに注意を払わねばならない。それは現在、世界中の森林や環境に関する条例の多くに見られるのと同じ問題である。まさしくフリードリヒ大王みずからが、自分の林務官たちに対して非常に懐疑的だったのであり、上級林務官による成功の報告をまやかしだとみなしていた。「林務官たちのやり口はわかっている。彼らは私が通ることになっている道のあたりでは努力をするので、何百歩にもわたって木々を見ることもできるだろうが、その背後は何もなく不毛で、まったく手入れされていないのである」と大王は述べている。19世紀になってもなお、林務官は自分の森を本当に知る前に「年老いて生気を失ってしまう」のだと言われている。森を正確に把握していたのは、何よりもまず、薪を得るために伐採する人々だった。しかし、彼らの関心事は木を切り倒すことであり、森を維持することではなかった。

　諸都市では自分たちの森林が眼前にあったと想定することができる。ヴュルテンベルクの都市ベープリンゲンは、1530年頃、上からの介入を拒絶して、自分たちは領邦君主の上級林務官たちよりも適切に森林に注意を払うことができると確言したが、それにはおそらく根拠があったのである。というのも、「自分たちとその子孫にとって、森林の問題は、上級の役人たちにとってよりも重要だからである」。シュヴァルツヴァルトでは1800年頃、領邦君主の営林監督局が、新しい「科学的」林学理論に依拠しつつ、針葉樹の植林を念頭において、その地域で最大の森林を所有していた都市フィリンゲンに対して道理を説き、市当局の営林上の無為無策を非難した。それに対して市当局は正当にも憤激をもって対応し、営林監督局が調達した針葉樹の種子は、より温暖な地域に由来するものであり、シュヴァルツヴァルトの高地

の厳しい気候には適応できず、したがって何の価値もないと指摘した。みずからの森林についての知見を有したフィリンゲンの人々は、こんにちの私たちが知るように、種子の性質が産地に左右されるということを、一般的規則を主張する林務官たちよりも適切に認識していたのである。私はこのことをウルリヒ・ローデンヴァルトから学んだ。彼は長年、フィリンゲンで営林署員を務め、定年後に彼の森の歴史を書いたのだった。私は30年前に彼と一緒にシュヴァルツヴァルトの調査旅行に参加した。混合林の信奉者であるローデンヴァルトは、フィリンゲンの森を針葉樹のモノカルチャーにした自分の後継者に激怒して、この人物をすぐ近くの木に吊るし上げたいくらいだと断言していた。

(6) 数年前、ある木材職人が私に語ったように、20世紀の始めまで、特定の性質を備えた木材を必要とした職人は、みずから森に赴き、専門家の目で木を探し出したものだった。そうした場合には、より古い時代と同様に、「環境意識」は非常に具体的なものだった。それに対して、こんにちの環境意識は、しばしばあまりに抽象的になってしまった。現地では、遠く離れた王宮所在地よりも、環境意識が具体的だったのである。現場の近くにいることによってのみ、適切かつ効果的な林業を営むことができる。このことは、「都市と森林」というテーマを論じるさいに押さえておかねばならない事柄である。19世紀初頭のプロイセンの偉大な営林改革者の一人ヴィルヘルム・プファイルは、しばしば型破りな考えを述べた人物だが、フランスのそれと比較した場合のドイツ林学の功績は、「もっぱらドイツが複数の異なる国に分割されていたことの所産」であると述べたことがある。当時成立しつつあったドイツの国民運動が苦々しく嘆いた政治的分裂の産物だというのである。小さな領土の内部では森林が眼前にあったので、パリのような遠く離れた首都からなされるよりも、効果的な営林政策が実行可能だったのである。

最後に興味を惹く問いは、ここで言及したドイツの経験が、どの程度まで

第Ⅰ部　都市と森林

日本にも転用しうるのかということである。これは読者である日本のみなさんへの問いでもあるだろう。明らかに部分的には、直接的な転用は不可能である。山縣光晶氏が私に指摘したところによれば、少なくとも江戸時代にはみずからの森林を所有する自治都市は存在しなかった。日本の営林史に関しては、私はすでに数年前に、とりわけ当時イェール大学教授だったコンラッド・タットマンの著作に魅了された。タットマンが日本でどのくらい有名で、彼の仕事がどのように評価されているのか知りたいと思う。営林史の記述はしばしばその広がりがきわめて限定されているのに対して、タットマンは『近世の日本』（Early Modern Japan）と題された書物において、営林史から出発して全体史にまで到達した歴史家の希有な実例となっている。工業化以前の日本の営林史のイントロダクションで、タットマンは次のように述べている。「ドイツは一般に最も早期に持続可能な林業を発展させた社会だとみなされている。だが本研究が示すのは、そうした実践がドイツとは独立に、またドイツと同じくらい早い時期に日本でも成立していたということである」。山縣氏は私に対して、この命題を無批判に受け入れないように警告した。山縣氏によれば、タットマンには江戸時代をロマンティックに描く傾向があるという。こんにちでは見事な森林に覆われている京都周辺の山々でさえ、19世紀にはまだほとんど草木がなかったことを、彼は想起させた。彼によれば、そもそも日本人が生来の自然愛ゆえに昔から森林を大事にしてきたと主張するなら、それは「純然たるイデオロギー」である。私自身は、この問いに関して判断を保留しなければならない。それでも事実として言えるのは、統計によれば、1880年に日本の全面積の43パーセントが森林に覆われていたということである。何らかの仕方で都市は大量の木材を手に入れたに違いない。なぜなら、山縣氏が述べる通り、「（田舎に）森がなければ都市も存在し得ないからである」。

　ドイツの営林史の伝統にしたがって、持続可能な林業の定着に最大の功績があったのは領邦君主の営林管理局であると信じる者は、日本の営林史では支配者の営林と林務官が中央ヨーロッパの営林史に比べてはるかに小さな役

古い都市と森林

割しか果たしていないと指摘するタットマンの記述を、驚きをもって読むことになる。この点をグレゴリー・クランシーも強調している。ドイツの営林史しか知らない者は、ただ学問的な訓練を受けた営林の専門家だけが持続可能な林業を保証できると確信しがちである。それに対して、岩井吉彌氏は、日本では植林は原則として林務官によってではなく、森の周囲に暮らす農民の手でなされていたと主張している。私が得た情報が正しいならば、日本の気候環境では、森林はヨーロッパよりも早く成長する。したがって、植林する者は、それを将来の諸世代のためだけでなく、自分自身のためにもするのである。

　江戸時代の日本でも、徳川将軍家の執政機関である幕府によって、森林保護のための政令が発布されていた。しかしながら、これらの政令は将軍の領地にのみ適用されたのであり、日本全体の森林を対象としたものではなかった。そのうえタットマンは、これらの政令について辛辣な皮肉を含むコメントを述べている。「レトリックを弄する者自身が最大の木材消費者だったのだから、レトリックによって森林を維持し、土壌浸食を止めることなどできようはずもなかった」。大口の木材消費者は、森林減少の責任を違法伐採に押しつけた。この点について、タットマンは冷酷な鋭さで次のように述べている。「森林伐採問題の核心は上から指示された伐採にあるのであって、違法伐採にあるのではなかった。森林保護の諸措置は、社会の最上層にいる森林の略奪者たちによって、森林に対する独占的なアクセスを確保するための手段として命じられたのである」。だがそれにもかかわらず、日本では広大な森林が数世紀にわたって生き延びてきた。グレゴリー・クランシーは嘲笑的な調子で述べている。「日本の工業化が20世紀に至るまでつねに膨大なスケールで木材と木材手工業に依拠していたことは、依然として木材を経済的・文化的後進性の象徴とみなしていた者たちにとって、小さな不愉快な秘密であった」。こうした者たちの見方に対して、クランシーはアメリカと日本を念頭におきつつ、「木材はつねに優れたイノベーションの素材だった」と主張している。ドイツだけでなく日本にも、持続可能性の隠された起源が

存在するように思われる。それについて私はみなさんから話を聞けたらと思う。

第Ⅱ部 「合同生活圏」——共生か敵対か？

解　題

　このセクションでは、合同生活圏の概念に含まれる「合同」をめぐる諸問題、すなわち、異なる利害関心を持つ様々な社会的立場の人々や異なる文化的背景を持つ人々が同じ空間で生活することに付随する諸問題が議論される。そこで問題になるのがひとつの街区であれ、一都市であれ、地域や国家、さらにはEUのような地域共同体であれ、ひとたび合同生活圏という概念が導入されると、ひとはそれらの諸単位をある程度の均質性を備えた空間的まとまりとして想定する誘惑にとらえられることになる。つまり、「合同」の相のもとにある生活とは何がしかの共通性を基盤にした営みであり、合同生活圏とはそうした共通性を基礎に置くことで可能になる生活の圏域であるという理解である。合同生活圏の概念をそのように理解した場合、それは社会（ゲゼルシャフト）に対置される意味での共同体（ゲマインシャフト）の概念に限りなく接近することになり、そこでは共同性を分け持たない他者たちの存在はあらかじめ視界の外に追いやられてしまう。あるいは、そうでなければ、他者たちは生活の合同性を脅かす存在としてのみ概念化されることになる。

　しかし、合同生活圏の合同性を別の仕方で考えることはできないだろうか？ 調和的な共存としてではなく、むしろ葛藤と不和によって定義されるものとして、合同性を考えることはできないだろうか？　その場合、まさしく葛藤や不和を通して人々が関係しあうことが合同生活圏の成立条件となるのであり、共生（conviviality）の可能性は敵対性を隠蔽するのではなく、積極的に可視化することによってのみ開かれることになるだろう。そして、このとき、他者は合同生活圏の外部に位置づけられるのではなく、その構成的契機として内部に見出されることになる。本書に収録されるラートカウ氏の論考「古い都市と森林――持続可能性の隠された諸起源」においてもすでに、森林の使用権をめぐる争いの分析を通して、葛藤と不和を通して相互に結び付く多様なアクターの合同生活圏が描き

第Ⅱ部　「合同生活圏」

出されていたが、このセクションに集められた論考はそうした観点と問題意識をさらに先鋭的な形で提示し、困難な共生の可能性をめぐる問いを提起している。

　菅豊氏の論文「見えない「戦闘地帯（Kampfzone）」——都市の社会的弱者の静かなる排除」は、とりわけ今世紀に入り顕著に観察されることとなった統治形態のパラダイムシフト、すなわち、政府や行政機関などの権威的アクターが多岐にわたる権能を独占し、「トップダウン」に遂行する統治としての「ガバメント」から、社会の多様なアクターが主体的に意思決定や合意形成に参画する「水平的な」協働的統治としての「ガバナンス」への移行を背景として、一見、成熟した市民社会の実現のように見える都市市民と行政との協働が、可視化されにくい仕方で社会的弱者を排除する巧妙な仕組みとして機能することを鋭く指摘している。著者は江戸時代から都市のアジールとして機能してきた隅田川の事例を取り上げ、フェンスのように明瞭に排除の意図を可視化する手段ではなく、ベンチや花壇やパブリックアートのような、一見すると排除を意図した装置のようには見えないオブジェが、ホームレスを河川から排除するエージェンシーを発揮するメカニズムを分析している。また、魅力ある水辺空間の創出・維持を目的とした市民参加の清掃活動が、ホームレス排除の手段として機能していることを指摘することで、見えない排除の問題性を明らかにしている。すなわち、敵対性が巧妙に隠蔽されることで、排除の克服の可能性もまたあらかじめ骨抜きにされてしまうのである。

　吉原直樹氏の論文「「犠牲のシステム」を超えるコ・プレゼンスは可能か？——原発事故被災者と支援者の間」は、福島原発事故の被災者支援に関する調査にもとづいて、戦後日本社会の根底にある「犠牲のシステム」の今日的位相を明らかにしたうえで、加害者と被害者、犠牲にされる者と犠牲にする者との間の分断を克服するコ・プレゼンスの可能性を問いかけている。原発事故が白日のもとに曝したのは、戦後の日本社会を構造化してきた「犠牲のシステム」が臨界的な局面に達していることであり、国内的な「合同生活圏」が崩壊に瀕しているという事態である。著者によれば、新自由主義的なグローバル化の進展とともに、犠牲のシステムの従来的な両極的対立、すなわち中央による周辺の収奪という図式は複雑化しており、例えば格差という形で収奪が中央の内部に再生産される一方、周

辺もまた差延化されることになる。こうした犠牲のシステムの今日的なあり方を指摘したうえで、著者は大隈町の仮設住宅自治会をベースに成立したサロンの活動の調査をもとに、犠牲のシステムにおける「犠牲にされる者」である被災者と「犠牲にする者」である都市住民の支援者との間に生じるコ・プレゼンスの可能性を考察する。このコ・プレゼンスを特徴づけるのは、能動的な相互理解ではなく、他者の苦しみとの偶然的出会いの受動性であり、この受動性によって立ち上がる「共にあること」の地平である。このコ・プレゼンスの経験は、いかにして被災者と支援者の双方のあり方を内から変える契機となりうるのだろうか。

　青木聡子氏の論文「原子力施設立地をめぐる対抗的"合同生活圏"の形成——ドイツの事例から」では、1970年代後半のヴィールと1970年代末から1980年代前半にかけてのゴアレーベンにおける反原発運動の当事者への調査にもとづいて、それぞれの地域の住民たちがいかにして中央に対抗する合同生活圏を立ち上げ、運動を成功に導くことができたのかを検証している。著者はまずドイツの反原発運動の特徴とされる「ビュルガーイニシアティヴ」について、それが普遍的価値を志向し開放性を備えた「市民」の運動だとする従来の理解に修正を加え、むしろ中央による公共的価値の押しつけに抵抗する「地域住民」の運動であったことを指摘する。そのうえで、著者はヴィールとゴアレーベンの原発反対闘争における「抵抗の論理」を分析しているが、地域住民の流動性が低く、第二次世界大戦の経験やドイツ農民戦争の記憶が共有されたヴィールにおける運動と、人口の流動性が高く、語り継がれる郷土の歴史的記憶に乏しいゴアレーベンにおける運動とでは、異なる抵抗の論理が構築されたことが指摘される。著者の分析を通して明らかになるのは、原子力施設に対する抵抗が、原子力技術のリスクに対する科学的認識にもとづく懸念という普遍化可能な論拠だけに依拠していたのではなく、ナチズムの過去を繰り返さないというナショナルな歴史的記憶や、故郷との感情的結びつきおよびローカルな抵抗の記憶からも力を得ていたことである。こうした抵抗の論理の多層構造が、中央と地方の対立図式を超えて都市住民をも巻き込む対抗的な合同生活圏の形成を可能にしたのである。　　　　　（海老根　剛）

「犠牲のシステム」を超えるコ・プレゼンスは可能か?
—— 原発事故被災者と支援者の間

吉原直樹

はじめに

　2016年3月11日で東日本大震災が起きてからちょうど5年になる。5年目の状況をひとことで言うと、社会全体がフクシマを忘れようとしていることである。メディアは、ほとんどフクシマを取り上げなくなっている。しかしそうであればこそ、フクシマがいまどういう状態にあり、これからどうなるであろうかということをしっかり考える必要がある。そしてそのことを世界に伝えていかなければならない。そこで本日は、「イチエフ」のお膝元である大熊町で起こったこと、そして現に起こっていることに言及しながら表題に迫りたいと考えている。
　ところで、先ほど菅先生が、ローカルガバナンスの危うさについて述べられた。私もかなり早い段階から、ローカルガバナンスはガバメントのニューバージョンであると主張してきた。そしてローカルガバナンスそのものがネオリベラルの機制の中にあると、繰り返し述べてきた。菅先生のお話を伺い

ながら、あらためてそのことを再認識したような次第である。そうした中で、多様なエージェンシー／ステイクホルダー間のコラボレーションにおいて、その一角に組みこまれている専門家がどういう役割を果たすのかということが今非常に問われていると考えている。専門家は単なるスペシャリストなのか、それとも行政を含めて専門処理機関と地域をつなぐ、ある意味でローカルな代理人／インタープリターとして存在するのかということが大きな争点になっている。

　さてこのことを頭の隅に置きながら、まずは「『犠牲のシステム』を超えるコ・プレゼンスは可能か？」というテーマを立ててみた。そしてこのテーマの下に、さしあたり三つの論点を提示することにしたい。

　まず、セッションのテーマである「『合同生活圏』――共生か敵対か」という課題設定を見据えて、具体的にどのようなイッシュー／争点を提示するかということが問題になる。このことは、私の報告の位置づけ（ポジショニング）にも多少なりとも関わってくる。

　その上で、次にそもそも「犠牲のシステム」をどういうふうに捉えるのかということが問題になる。「犠牲のシステム」という言葉自体は、高橋哲哉さんが用いたものをそのまま踏襲しているが、要は「犠牲のシステム」がある意味で戦後日本を通底しているということである。そしてフクシマはまさにそれが臨界局面に達していることを示していると考えられる。水俣、沖縄、そしてフクシマという具合に。

　第三に、そうした「犠牲のシステム」をコ・プレゼンスによってどう捉えかえすのか、つまり相対化するのかということが問題になってきます。このことは必然的に第一の論点に立ち返っていく。ともあれ、本報告の鍵概念であるコ・プレゼンスを基軸にして全体のテーマ設定と解題につなげていきたいと考えている。

1.「合同生活圏」をめぐる三つの争点

　さて第一番目の点であるが、配布資料によると、「合同生活圏」をめぐる争点としてとりあえず三つほど指摘できるのではないかと思う。大阪市立大学の合同生活圏研究会では、トランスローカル・ネットワークをかなり議論してきたようだが、それはEUを前提にした問題設定になっているものの、当然、グローカル・ネットワークも含まれている。そうすると、トランスローカル・ネットワークはEUを越えて広がっているとも考えられ、あらためてそのカバレッジ／適用可能性をどこまで拡げるのかが問われざるを得なくなる。

　かりにヨーロッパに限定しても、これまでリージョンの統合、脱統合、再統合が見られたし、今も見られるわけだから、そのダイナミックスの中でネーションがどうなっているのかを問うことも必要になってくる。そこではネーションの解体と再構築、それからトランスマイグラントのありようなどが争点になる。さらに「移動とエスニシティ」というテーマ設定の下で、ローカルをどう捉えるのかが問題になってくる。そこには、いろいろなインスタンス（審級）があると思うが、それをどう読み解けばいいのかも重要な課題になってくる。こうして課題はどんどん広がり繋がっていくが、ここではさしあたり時間の関係で先に進むことにする。

　「合同生活圏」をめぐる二つ目の争点は、ジョン・アーリが『グローバルな複雑性』の中で言っている「グローカル・アトラクタ」をどう考えるかという点である。アーリは、この「グローカル・アトラクタ」を次のように説明している（Urry 2003＝2014：126）。

　　この言葉は、グローバル化がローカル化を進め、ローカル化がグローバル化を進めるといった、並行的で不可逆的で相互依存的なプロセスを指

第Ⅱ部　「合同生活圏」

している。グローバルなものとローカルなものは、動的(ダイナミック)な関係を通じて分かちがたく不可逆的につながっており、両者のあいだを数えきれぬほどの資源フローが行き来している。グローバルなものもローカルなものも、他方がなければ並立しない。グローバル―ローカルなものは一連の、共生的で、不安定で、不可逆の関係のなかで発展し、そのなかでは、それぞれが、時間の経過とともに動的(ダイナミカル)に進展する世界規模での無数の反復を通じて変容を遂げている。

ちなみに、デヴィッド・ハーヴェイは「時間と空間の圧縮」という議論の中で、世界がどんどん小さくなっている、そしてグローバライゼーションとローカライゼーションが相互浸透し、ある種平衡状態になっていると述べているが（Harvey 1989＝1999）、そこではまさに「グローカル・アトラクタ」が基底的な争点になっている。

ここで日本に目を転じてみると、いま言及したグローカル・アトラクタと関連して、国内の「合同生活圏」がどうなっているのかが問われる。明らかに国内の「合同生活圏」は壊れている。少なくとも従来のままでは存続し得なくなっている。しかも、そうした状況が「上から」再編する動きと絡み合って進んでいる。この文脈をさらにつきつめていくと、本来、対立するはずの新自由主義と共同体主義が共振していること、そしてそうした中で家族やコミュニティが大きくゆらいでいることにも目を向けなければならなくなる。

これらは結局のところ、「共生」のジレンマにつながっていくわけであるが、それを少し社会理論レベルに引き寄せていうと、アンソニー・ギデンズからハンナ・アーレントに至る社会理論の中核をなしている「社会的なもの」をどう考えるのかということに落ち着く。ちなみに、かつてマーガレット・サッチャーが「社会なるものは存在しない」と言明したが、それは事実上、社会統合を否定しているのかどうかという話になる。いずれにせよ、そういう「社会的なもの」をどう考えるのかということがきわめて重要な争点

になってくるのである。

　それとともに、あらためて新自由主義、ネオリベラリズムの機制をどう捉え直すのか、そしてギデンズの『第三の道』（Giddens1998＝1999）やアラン・トゥレーヌのいう「主体の政治」（Touraine 1997）に関連させながら、「社会的なもの」をどう再措定するのかということが非常に大きな課題になってくる。たとえば、世紀転換期に物議を醸したリベラル・ナショナリズムのインパクトをどう捉えるのかという点も、この課題の延長線上にあるといえる。

　「合同生活圏」をめぐる三つ目の争点は、アルジュン・アパデュライがスケイプと呼んでいるものと関連がある。アパデュライは、人びとの共生のありようを、五つの次元からなるスケイプ——エスノ・スケイプ、メディア・スケイプ、テクノ・スケイプ、ファイナンス・スケイプ、イデオ・スケイプ——の交差平面において示している（Appadurai 1996＝2004）。ちなみに、ここでいうスケイプは、ジル・ドゥルーズとフェリックス・ガタリがいう「リゾーム」が一つベースになっていると考えられる（Deleuze and Guattari 1993＝1994）。ここから、「リゾーム」を導線としてコ・プレゼンスにどうつなげていくのかが、あらためて問われるようになる。

　さて紙幅の関係で「合同生活圏」をめぐる争点の炙り出しはこの位に留め、次に冒頭に掲げた論点にしたがって、「犠牲のシステム」について言及することにする。

2.「犠牲のシステム」へ／から

　先に一瞥したように、「犠牲のシステム」は、戦後日本を通底するものとしてあり、そこには「中心と周辺」という構造が見え隠れしている。先ほど菅先生が「周縁」と言われたが、まさにその「周縁」が「犠牲のシステム」を担い、支えてきたのである。周知のように、戦後日本の開発主義体制は

第Ⅱ部　「合同生活圏」

「成長」をひたすら追求してきたが、それは「周辺」＝「周縁」が「中心」＝「中央」によって常に収奪され貶価されることによって可能になった。ところが前節で触れた「グローカル化のアトラクタ」によって、いま収奪の構造が非常に見えにくくなっている。より正確にいうと、収奪の構造が「中心」＝「中央」に埋め込まれた格差の構造と共進することによってより複雑なものになっているのである。しかしこのことは、「犠牲のシステム」がなくなったことを意味するものではない。むしろグローバライゼーションにともなうローカリティの変容と相まって、社会の基層により深く埋め込まれるようになっているといってよい。だからこそ、現段階における「犠牲のシステム」をあらためて確認する必要がある。

　高橋哲哉さんは、「犠牲のシステム」を次のように述べている（高橋2012：27）。

　　或る者（たち）の利益が他のもの（たち）の生活（生命、健康、日常、財産、尊厳、希望等々）を犠牲にして生み出され、維持される。犠牲にする者の利益は、犠牲にされるものの犠牲なしに生み出されないし、維持されない。

　高橋さんは、土地に根ざすローカル・ナレッジにもとづいて、フクシマがそうであるし、沖縄がそうである、と喝破している。ちなみに、社会学の内部もしくは周辺からは、そうした議論にたいして意外に既視感をもって受け止める人が多いようである。たとえば、「犠牲のシステム」を「受益圏と受苦圏」やNIMBY、あるいはフリーライダーと相同的にとらえる議論が少なくない。しかし私からすれば、そうした一連の議論は機能主義に特有のバイアスをともなっており、とても構造的把握に立脚しているようにはみえない。

　何よりもまず、「犠牲のシステム」は、戦後日本の国土構造の基底をなす資本の再生産構造——アンリ・ルフェーヴルやハーヴェイに倣っていうと、国土空間が産業循環になっていること——に立論の基礎を置く必要がある。

その上で、「犠牲にする者」と「犠牲にされる者」、「加害」と「被害」の非対称性を明らかにすることがもとめられる。そして「グローカル化のアトラクタ」によって、この非対称性がより「外延化」し、広域的にみられるようになるとともに、いっそう「多管化」していること、そして結果的に不可視的なものになっていることを明らかにする必要がある。そうすることによって、「犠牲のシステム」が単に現象的なものではなく、資本の要請／欲動に応えながら統合と脱統合、そして再統合を繰り返してきた戦後日本のこの国の統治の「かたち」を示していることがわかるはずである（この点は後述）。そしてこの「かたち」を鋭意に読み込むことによって、3・11以前のかなり前から、人びとの「生活の共同」を担い支えてきたコミュニティが、いわば「あるけど、ない」状態であったことが理解できる。

　ところで、ここでいう「かたち」とは具体的にどのようなものなのだろうか。基本的な「かたち」は先に述べたように、「中心」＝「中央」による「周辺」＝「周縁」の収奪としてあらわれているが、それとともに後者が前者に取り込まれるという以上に後者が前者に過剰馴化するというフェイズが目立つようになっている。そしてその点でいうと、「中心」と「周辺」を対立的なものとして、すなわち二分法的に捉える発想、あるいは「中心」が先進的で、「周辺」は遅れているといった発想は、もはやリアリティを喪失しているといわざるを得ない。今日、「犠牲のシステム」を単視点でとらえると、その実態がますます見えなくなる惧れがある。

　「犠牲のシステム」の今日的位相を明らかにする場合に留意する必要があるのは、指摘してきたような収奪、つまり「中心」と「周辺」の間の敵対的関係が後景にしりぞいて、それに代わって〈差-延（différance）化〉が前景に立ちあらわれているようにみえることである。ところでここでいう〈差-延化〉とは、「中心」と「周辺」の従来の対立的な関係をいったん示差的なものにした上で、あらためて「周辺」に分化し分断する要素を埋め込みながら（それを）より大きな統体（＝全体としての統合空間）に組み直すことを意味している。こうして、収奪が〈差-延化〉へと縫合／抱合されることに

よって、「犠牲のシステム」の安定化→固定化が可能となる。ともあれ、ここでいう〈差-延化〉は、空間の差異化をもとめる資本の要請にしたがって、「犠牲のシステム」を一国社会を越えるより高次なレベルで再編することと深く関連している。他方で、示差的なものによって安定化された統合空間を不安定化させ二極化させる役割も果たしている。以下、フクシマ、とりわけ大熊町（以下、オオクマと略称）を事例にして、そのことを少し立ち入って検討してみよう。

　周知のように、戦後日本の地域開発は初期の段階で電源開発として進められたが、その拠点になったのが一つは南会津から西会津一帯であった。そしてそこでつくられた電力がもっぱら東京およびその周辺に送られた。こうしてフクシマにおいて「犠牲のシステム」の原構造ができあがったのであるが、その後、エネルギー政策の転換と相まってより低コストで大規模な電力供給がもとめられるようになり、「東北のチベット」といわれた相双地区に原発が立地することになった。それとともに「犠牲のシステム」がより高度化（＝安定化）して存続することになった。ちなみに、オオクマでは、原発立地によって原発経済に全面的に依存する受益体制とともに、「犠牲のシステム」を「地方」の側から積極的にキャッチアップする「原発さまの町」が出来上がった。「原発さまの町」では、上述の受益体制の構築とともに、生活のプライバタイゼーション（私化）が急速に進んだ。そして旧来の区コミュニティの存立を支えてきた集落意識の衰微が決定的なものになった（吉原 2013）。

　ところで、「犠牲のシステム」を、上から強いる驕慢な統治構造―権力ブロックとしての原子力ムラと重ね合わせる議論が広くゆきわたっている。原子力ムラはいうなれば、「中央」の原子力をめぐって形成された、官・産・学からなる内に閉じられた共同体のことであるが、考えてみれば、このムラ＝共同体は、「地方」の側でまちぐるみ、むらぐるみで原発とともに歩むことを選択したもうひとつのムラがあってはじめて可能になった。こうしてみると、「犠牲のシステム」といっても、そこには「地方」の側からの能動的

な契機が隠されていたのである。しかしこの能動性は、受益体制が続くかぎり常に受動的なものへと変化する要素をはらんだものとしてある。だからこそ、きわめて脆弱なものにとどまらざるを得なかったし、現にそうである。

たしかに、原発は立地すると、他自治体が羨むような財政的な優遇措置が受けられる。ところがそれは未来永劫続くものではなく、結局、ある段階になると、いわゆる原発三法等によって補償されたような潤沢なお金が来なくなる。そうすると、受益体制の中にある自治体は、何か他の道を探るのではなく、容易に「また原発で行こう」ということになる。こうして「原発の後は原発で」という連鎖の構造が表面化するようになる。佐藤栄佐久さんが指摘しているように（佐藤 2009）、原発自治体は麻薬患者のように麻薬という飴を最後までなめ続けようとする。この構造は残念ながら、ポスト３・11のいまも強固に残っている。ちなみに、今日進んでいる原発再稼働の動きにもそれは深い影をおとしている。

さて以上に関連してもう一つ指摘しておくなら、「犠牲のシステム」の下で、被害と加害の構造は必ずしも対立的なものにならないという点である。つまり「中央」＝加害、「地方」＝被害という二分法は必ずしも有効でないということである。ここで私が先ほど打ち出した〈差-延化〉という概念を用いて説明してみると、概ね以下のようになる。

指摘されるような収奪は、プライバタイゼーションの進展とともに一端はおさまったようにみえる。ある意味で平準化してくるわけである。しかし、これは特にポスト３・11において顕著にあらわれてくるが、「外から」あるいは「上から」の復興の強行をどう受け止めるかをめぐって、この平準化の地層にいくつかの分水嶺（ディバイド）が埋め込まれるようになる。つまりポスト３・11においてもなお受益意識を持ち続けている被災者の間で、就職、子どもの学校、家族のありよう等をめぐって、一元化された被害者意識では括れないようなズレが生じる。端的にいうと、このズレが既述した〈差-延化〉となってあらわれると考えられる。

ここで約言すると、「原発さまの町」では、「犠牲のシステム」は決してな

くなるのではなく、外部との関係を維持しながら内部の分化をうながすといった〈差-延化〉を通して維持されるのである。この「差延化」の動向をしっかりとおさえることによって、「犠牲のシステム」の裡にひそむ「中央」＝「中心」と「地方」＝「周縁」のねじれたコラボレーションの関係のみならず、両者を通底する加害と被害の二重性（＝複層性）の問題にもせまることができるようになるのではないだろうか。いうまでもなく、ここでいう〈差-延化〉は、大きくは「災害を奇貨ととらえる」資本の差異化戦略に根ざしている。したがって、新自由主義の機制の中にある「グローカル化のアトラクタ」という大きな枠組みの下で捉え直す必要がある。いずれにせよ、こうしてみると、戦後日本社会を通底してきた「犠牲のシステム」は、ポスト３・11のいま、まさに臨界局面にさしかかろうとしているのであって、そこで立あらわれている新たな「かたち」をしっかりと見据えなければならない。

3. まなざされるコ・プレゼンス

　とりあえず、オオクマを事例にして、以上のように「犠牲のシステム」をおさえてみると、あらためてそのような「犠牲のシステム」をどのように捉え返していくのか、あるいは相対化していくのかということが一つの大きな課題になる。これはなかなか困難な課題である。これまで述べてきたことからも明らかなように、この課題に向き合うには何よりもグローバルな理論射程が必要になってくる。ただ、ここでは、さしあたり被災者の側に立って、この課題に向き合うとすればどのようなことが言えるのか、ということに照準化してみる。そして、過去５年間にわたってオオクマにかかわって得た私の知見を部分的に援用する。まず、以下の展開において鍵概念となるコ・プレゼンスの議論から始めよう。そしてそれを経験的な場におろして、どのような「かたち」となって立ちあらわれているかを見ていくことにしよう。

「犠牲のシステム」を超えるコ・プレゼンスは可能か？

　コ・プレゼンスについて、まずその境位、つまり思想的な位置付けがどうなのかいうことから始める。鷲田清一さんがこれについて「『聴く』ことの力」から入って、そこからコ・プレゼンス、つまり「居合わせること」につなげている（鷲田 2015）。鷲田さんによれば、「居合わせること」は「他者のいるその場所に特別の条件なしにともにいること」、つまり「何の留保もなしに『苦しむひと』がいるという、ただそれだけの理由で他者のもとにいるということ」になる。そういう点で言うと、この「居合わせる」ことは無条件に存立するものである。つまり無条件に「傍らにいる」、「隣り合わせる」、「寄りそう」ということになるのである。

　ただ、社会学からみると、この議論は、本質はついているものの、ある意味で非常に静的で規範的な議論になっている。実はその点について、似田貝香門さんは強く意識していて、コ・プレゼンスという概念を「共にある」、「共同出現」という概念に組み替えて用いている。似田貝さんはボランティア活動に深く関わっていて、活動を通して得られた実践知の中からコ・プレゼンスという概念を練り上げている。似田貝さんは次のように言っている（似田貝 2008）。

> 苦しみに偶然〈出会う〉人間がこの『苦しみ』と〈居合わせる〉ことにより、受難＝受動の様相におかれ、ここから提起されたテーマや課題に対し、否応なく立ち上がる〈共に-ある〉という〈共同出現〉的な主体、すなわち〈われわれ〉という〈主体の複数性〉の形成の可能性が開かれる。

　こうした主張は、アーレントの議論などとも響き合っているが、要は静的なものから動的なものへと組み替えていくことがポイントになると指摘しているのである。

　そういうコ・プレゼンスを応用的な場面で見た場合にどういうことが言えるのであろうか。つまり、より実践的な文脈に落としてみたときにどういうことが言えるのであろうか。一つは「近接性」に集約されるが、実践的な文

脈でこれをどう発見するかということが大きな課題になる。この点に関して、似田貝さんの主張を私なりに敷衍してみると、大体、次のように言うことができる。

「近接性」は、「『語る』—『聴く』ことによってそのつど、一時的、局所的にきりむすばれる関係」を作りだす「生成の時間」によって生みだされる。ここで時間というのは、ブロック単位ではなくて、まさに起こっている時間として、そしてそれが位相的な、横に広がっていくような空間を広げていくのに不可欠な「近傍による接近」をもたらす。だからこそ、語るということを、時間と空間の中でもう一回検証してみることが必要になってくるのである。

さらに、上述の「近接性」に関連して主体の複数性の確保が絶対的な要件となる。主体の複数性に基づいて、動態的な共同性が形成され、多様な生き方、住まい方が許容されるようになるのである。またこの「近接性」をさらに深く読み込んでいくと、「犠牲にする者」と「犠牲にされる者」を「支援者」と「被災者」にカテゴリー・チェンジする必要性が出てくる。「支援者」と「被災者」は、何よりも同じ日常的生活者として——ハイデガーに倣って言うと、「世界内存在」として——出会うことになる。詳述はさておき、このことは、「犠牲のシステム」を、近接性——始原に立ち返ってコ・プレゼンス——によって捉え返すことがいかに重要であるかを示唆していると言える。

なお、「近接性」について先に一瞥した「社会的なもの」に引き寄せて別の読み方をすると、たとえばジンメルの社会学、また社会学を離れたところでは複雑系の議論等が視野に入ってくる。さらに生の偶然性やあらたな親密性、あるいは創発性（emergence）等のいろいろな派生命題を「近接性」とかかわらせて論じると議論がいっそう広がると思われる。なお、創発性については後ほど少しばかり言及する。

4. コ・プレゼンスから：いっそうの経験的地層へ

さて、コ・プレゼンスから「近接性」にいたる概念的説明はこの位にして、そろそろ経験的な地層に分け入ることにする。以下、本格的にオオクマに座を据えるが、ここではサロンの話に照準化する。

周知のように、2011年3月12日に福島第一原発が爆発し、大熊町の住民は被曝から身を守るために県内外の各所に避難した。そして多くの住民は避難先で設営された仮設住宅に身を寄せた。やがて仮設住宅に自治会ができた（表1参照）。そして自治会からサロンが立ち上がった。ここでとりあげるのは、最初に立ち上がったFサロンの物語である。ちなみに、仮設住宅で組織された自治会は、国が「元あるコミュニティの維持」というスローガンの下に上から指導して作られた。だから、私はそうした自治会を「国策自治

表1　仮設住宅自治会の結成年月、結成のきっかけ及び自治会長の前職

	完成年月（戸数）	自治会結成年月	結成のきっかけ	自治会長の前職
松長近隣公園	2011年7月（249戸）	2011年7月	不明	区長
河東学園	2011年6月（83戸）	2011年7月	有志の呼びかけ	区長
扇町1号公園	2011年5月（82戸）	2011年8月	役場のはたらきかけ	区長
亀公園	2011年5月（30戸）	2011年7月	不明	
松長5号公園	2011年6月（19戸）	2011年8月	不明	
みどり公園	2011年6月（18戸）	2011年8月	役場のはたらきかけ	副区長、自治会長
扇町5号公園	2011年6月（15戸）	2011年8月	役場のはたらきかけ	区長
第二中学校西	2011年6月（26戸）	2011年8月	不明	
東部公園	2011年5月（50戸）	2011年8月	役場のはたらきかけ	
城北小学校北	2011年8月（54戸）	2011年11月	不明	区長
河東町金道地区	2011年10月（58戸）	2011年12月	不明	区長
一箕町長原地区	2011年11月（200戸）	2011年12月	有志の呼びかけ	区長

出所　大熊町資料およびヒヤリング結果より作成。

第Ⅱ部 「合同生活圏」

会」と呼んでいるが、実はそうした自治会からサロンが立ち上がることになったのである。サロン自体は表2にみられるように、大熊町住民の広域的な避難に伴って、県全域にできている。ここでは、そのうちの最初にできたFサロンをとりあげる[1]。

では、Fサロンで何をしているかというと、これは別に何か新しいことを

表2　サロンの展開

地区	サロン名
会津地区 （大熊町社会福祉協議会）	「なごみ」in 門田、「げんき」in 日新、「ひまわり」in 一箕、喜多方サロン cf. 会津地区つながっぺ！おおくま日帰り交流会
いわき地区 （大熊町社会福祉協議会いわき連絡所）	いわき四倉アロン、サポートセンターサロン、いわき植田サロン、「ひなたぼっこ」（平）、大熊町交流カフェ、いわき鹿島サロン、いわき泉サロン、いわき草野サロン、いわき内郷サロン、いわき磐崎サロン cf. いわき地区つながっぺ！おおくま日帰り交流会
中通り地区 （大熊町社会福祉協議会中通り連絡所）	サロンつながっぺおおくまinこおりやま（郡山市）、茶話カフェRococo〜ろここ〜（郡山市）、ホットサロン「てって」（福島市）、気軽に集まっぺ「もみの木」（白河市ほか県南地域）、「こらんしょ大熊」（福島市ほか県北地域）、「げんきが〜い」（伊達市）大玉村社協サロン cf. 中通り地区つながっぺ！おおくま日帰り交流会
相馬地区	借り上げ住宅サロン（相馬市）、かしまに集まっ会（南相馬市）

注）　表中、（　）内は連絡事務所をあらわす。
出所）　吉原（2016：341）より引用。

---

1) ここで一言ふれておきたいのは、Fサロンの場合、旧行政区単位で入居がおこなわれた仮設住宅の自治会（いわゆる「国策自治会」）を土台としていないことである。Fサロンはお互いに見知らぬ人たちが寄り集まってできた自治会から出自している。つまりFサロンはもともと「元あるコミュニティ」から離れたところから出発しているのである。このことは別の言い方をすると、Fサロンは当初から後述する他者性、対他姓を兼ね備えていたということになる。詳述はさておき、このことはサロンの性格を語る場合に決定的な意味をもつ。

やっているわけではない。表3はFサロンの1年間の活動をみたものだが、お茶会、食事会、健康相談、介護相談、レクリエーション等、実に多岐にわたっている。それから、小物づくりとか趣味的なもの、またクリスマス会やひな祭り、花見等といった、普通の日本人が庶民生活の折々で行ってきたことを行っている。ただ、それだけではなくて、たとえば、賠償や補償に関する弁護士との懇談、あるいは、たとえば、地元議会への折衝等、生活の復旧にかかわることも行っている。一応、普通考えられるようなことを満遍なくやっていることが読み取れる。

注目したいのは、サロン——ある意味で「つどい」ということになるが——、そこに、ボランティアが入っていることである。ボランティアの方々は、東京や埼玉等の首都圏やその他の大都市から来られた方が多いが、サロンで「被災者」と「支援者」が出会い、集う。そこでいろいろおしゃべりを

表3　サロンの活動内容(2013年4月〜2014年3月)

活動内容	回数	活動内容	回数
お茶会	196	押し花作り	1
食事会	3	手芸	1
健康相談	42	クリスマス会	3
介護相談	9	書初め	4
血圧測定	3	ひな祭り	5
レクリエーション	20	花見	5
ヨガ体操	8	餅つき	3
ラダーゲッター(注)	6	豆まき	3
軽体操	5	七夕飾りつくり	2
周辺散歩	3	コミュニケーション麻雀	7
ピンポン	1	マジックショー	2
小物作り	26	男の料理	2
フラワーアレンジメント	3	落語	1
アレンジメント	3	弁護士との座談会	3
バルーンアート制作	2	園児との交流会	2
和紙小物作り	2	議会との懇談会	1

注)ラダーゲッターは、ロープでつながれた2本のゴムまりをはしご(ラダー)に向かって投げる遊び。ラダーに引っかかるとポイントになる。
出所　吉原(2016：339)より引用。但し、再掲にあたって表中の数字(一部)を修正。

するが、これが大きな意味をもつのは、「被災者」と「支援者」が出会うことによって、自分たちとは違う他者、あるいは「よその人」と交り、文字通り気楽におしゃべりをすることを通して、自分たちの抱えているイッシューを少し距離を置いて考えるようになることである。その際、ある種の他者性の獲得が重要なモーメントとなっているのである。

　しゃべること、そして活動を「共にする」ことによって、「他者」、「外部」との違いを認識するとともに、自分たちの置かれている位置／状況を、より広い視野の下で、いわば対他的に確認し合うことが可能になる。ちなみに、平井京之助さんは、そうした他者性、対他性を「実践としてのコミュニティ」を構成する重要なファクターであると捉えている（平井 2012）。

　ところで、対他的な自己確認の内質ということでいうと、以下のようなことも大きいと考えられる。大多数の大熊町民は、いうまでもなく、自分たちは被害者だという意識が非常に強くて、原発の爆発によって難民、棄民の状態を強いられていると感じている。人間らしさを否定するような受忍の環境に加えて、社会全体が自分たちの悲惨な経験を忘却の河に流してしまおうとすることに、社会のたとえようもない暴力性を感じ取るとともに、底のない無念さと絶望に襲われる。しかし外部の「他者」と交わることによって、そしてより直截的には、かれら／かの女らに寄り添われることによって、（消極的にではあれ）無念さや絶望を被害者意識を超えて何らかの「かたち」で表現することなる。

　他方、「被災者」に寄り添う「支援者」は、「被災者」にたいする内に閉じた、ある意味で被害者意識の逆像となっている加害者意識を、「被災者」に寄り添われることによって相対化することができるようになる。こうして「被災者」の抱く被害者意識と「支援者」が抱く加害者意識は相互に開かれた他者性、対他性を介して共在する関係になる。だからこそ、「被災者」にとっていっときも手放すことのできない人間としての「誇り」は、「支援者」にとってもかけがいのないものになるのである。必然的に、「被災者」にとっても「支援者」にとっても、そうした「誇り」を維持し、互いの存在

を承認するということが不可欠の課題となる。私は、いま述べてきたサロンを通して、そうした「誇り」の維持、存在の承認が原的／端緒的に達成されているとみている。

　もちろん、こうした捉え方にたいして異論があることも承知している。最も対極にある意見は、私が指摘するような他者性、対他性の論理は、それ自体、新自由主義的なガバメントの機制の中にあるのではないかというものである。私はそのことを否定しない。本報告の冒頭の箇所で菅先生の報告に言及したのも、そのことと関連がある。とはいえ、「被災者」が「支援者」と向き合って自分たちをもう一回見つめ直すという経験は、やはり大きいと考えられる。

　何よりも指摘しておきたいのは、「よその人」の目が息づくとともに、自分たちの思いが「よその人」に伝わっていく、これが可能になったことである。もちろん、被災の感情というものは抜きがたくある。無念の思いもある。重要なのは、その無念の思いにただ沈んでいるのではなく、またうずくまっているのでもない、ほんの微かなものであっても主体的な生き方を求めて立ちあがる「被災者」の動きがサロンにおいて見え隠れしていることである。

　序ながら、ここでサロンの示すコノテーションについて言及しておきたい。一つは、既述した「近接性」の再発見→「新しい近隣」の発見に関連している。アーレントおよび齋藤純一さんによれば、その基層にあるのは、同一性ではなく「相互性」によって媒介された「共同性」であり「公共性」である（齋藤 2013）。ジェイン・ジェイコブズは、『アメリカ大都市の死と生』において、ほぼ同じ文脈に立って、近隣の再審を行っている（Jacobs 1965＝1977）。そして創発性のメカニズムを浮き彫りにしている。あまり時間はないが、この創発性について少しばかり触れておく。

　ちなみに、アーリは、『グローバルな複雑性』の中で創発性を、「不均等で平衡から遠く離れた相互依存プロセスの諸集合を映しとらえるもの」、「そこで観取される相互作用が多様で重なり合った……ネットワークと流動体を通

第Ⅱ部　「合同生活圏」

じてリレーされ、実にさまざまなスケール上に広がってゆく」と述べている（Urry 2003＝2014）。このアーリの言説を私なりに敷衍すると、次のようになる（吉原 2011：359）。

> それ（「創発的なもの」として言及される状況）は、複数の主体（変化をもたらす行為主体〈エージェント〉）が相互作用を介して行為することで、個々の行為を越えて新たな集合的特性／質的に新しい関係が生み出されることである。ここで着目しなければならないのは、上述の相互作用によってさまざまなつながりが交互に並び合い、交わり合い、結び合い、そして影響し合って、「予測のつかない突然の変化」（アーリ）が起こることであるが、その場合、重要なのは、変化にたいして構成諸主体が能動的に対応し、より高次の特性を生み出す（＝創発する）という点である。つまり、「創発的なもの」とは、諸主体間の交流としてある相互作用が新たな変化をもたらし、そうした変化が累積されることで人びとのつながりとか関係などが変わり、システム自体の構造が変わっていくプロセスに主軸が置かれているのである。

ここで先に言及した「リゾーム」という言葉を想い起す必要があるが、創発性を最もよく示しているのが「節合」（articulation）という概念である。もともとこの概念は言語活動／現象を説明するために編み出されたものであるが、エルネスト・ラクラウは、これを制度や組織の変容に照準した社会的実践の文脈で展開している（Laclau and Mouff 1985）。ラクラウによれば、それは（それなしには）互いにいかなる関係も存在しえなかった諸要素をつなぎとめ、新しい構成体へと連結する実践ということになる。管見によれば、「節合」に関してもっともゆきわたっている（そして達意にあらわしている）説明は、アフォーダンスの議論を援用するものである。それは一言でいうと、「自分の振る舞いが環境に変化を引き起こし、その変化が再帰的に自分に影響を与える循環的過程」（河野 2008：244）を説明するものであるが、これからもわかるように「ある程度まで一方が他方に入り込んで適合する」と

いう、位相的な関係に視軸を据えている。私は、別のところで、この「節合」という概念を中核に据えて「創発的コミュニティ」というものを展開しているが、それは「定住」を前提としてきたコミュニティ論を〈脱構築〉して、あらたにコミュニティ・オン・ザ・ムーブという概念を打ち立てようとするものである（吉原 2016）。もちろん、こうしたコミュニティをめぐるパラダイム・シフトには、上述したサロンから得られた知見が活かされている。

なお、サロンに立ち返って「創発性」—「節合」の含意するものをさらに追ってみると、似田貝さんのいう「隙間」の機制、そしてそこを通底する「越境的 dynamism」が浮かび上がってくる。ちなみに、似田貝さんはそれらを次のように述べている（似田貝 2012：39）。

> 世界は構成されてゆくものであるとする捉え方に立脚すると、新しい出来事、変化の兆候、新しい行為が産出されるその縁に想定される〈隙間（間・境界・裂け目）〉の意味 sens と〈隙間〉の只中に生起する、諸出来事間の相互作用、相互関係による形態変化の dynamism に注目したくなる。こうした dynamism は以下にみるように、既知、秩序、制度、組織、構造の境界を越境し、新しい意味、行為を形成・変形するという、不安定なカオス chaos と秩序の〈相互浸透 chaosmose〉を生み出す源となる。この越境性という運動は、転移、移行、変形という〈越境的 dynamism〉固有の運動を現出 emergence させる。新しい出来事の生起によって現れる未知、不明の空白たる〈隙間〉の只中では、この新しい出来事に余儀なく関与する主体が、この出来事を潜在的 virtual、可能的 possible な対象（新しい行為としての創造）へと転換させるという実践の時間性と空間性の様相に着目することによって、はじめて出来事間の相互作用から相互関係へ、更に組織へと形態変化していくダイナミズムを知ることができるであろう。〈越境的 dynamism〉とは、〈隙間〉の実践の場で出現しつつある新しい出来事との相互作用において、関与する行為

者が、この出来事から回避することなく、むしろそれを潜在的 virtual、可能的 possible な対象（新しい行為として創造）へと転換させ、かつそれを制度体と〈結びつけ conjuncture〉［結びつける・接合・取りこみ］るとき生起する動きである。

少々長い引用になったが、要するにそこに見出される差異的関係性が新しい集合性／結合の可能性をはぐくむようなサロン自体、ある種の「隙間」としてあり、そこに「越境的 dynamism」が観取される、と私はみている。もはや繰り返すまでもないが、ここでいう「隙間」、そして「越境的 dynamism」こそ、「創発性」—「節合」のメカニズムのみならず、その作動態としての一面も示している。

おわりに

このあたりでそろそろ報告を終えることにする。「はじめに」で提起した論点から随分逸れてしまい、まとまりのない報告になってしまったが、全体を通していうと、やはりコ・プレゼンスが鍵となりそうである。ところで、サロンを通してみる限り、コ・プレゼンスの基底をなすのは、プレ3・11からポスト3・11を貫いてみられた私化の機制である。それは社会学的にいうと、個人主義的消費生活様式の進展ということになるが、そうした私化はまぎれもなく〈差－延化〉した「犠牲のシステム」に根ざしながら、他方でそれを捉え返すコ・プレゼンスのさまざまな「かたち」にも深く足を下している。したがって私化とともにあるサロンでの、みてきたような「被災者」と「支援者」の異他的な出会いも二つの相いれないベクトルに分かれていることになる。詳述する余裕はないが、このことを踏まえた上で再度サロンを位置づけ直すこと、さらにそこで読み込んだ創発性および「節合」実践の可能性と隘路を検討することが必要になってくるであろう。

同時に、こうした作業と並行して、「犠牲のシステム」そのものを再審することも必要になってくるであろう。先に「中央」と「周辺」の平面的な対抗図式はもはやリアリティを持ちえないと言ったが、そのことによって「犠牲のシステム」がより巧妙に再編強化されている現実がなくなってしまうわけではない。そうした「犠牲のシステム」の再編強化の実態を、コ・プレゼンスの現実に即した推敲とともに明らかにする必要がある。

　それからもう一つ指摘しておきたいのは、ここではほとんど触れずじまいに終わったが、本セッションのテーマの中心概念をなす「合同的生活圏」のありようを「グローカル化のアトラクタ」からみる場合に、創発性および「節合」の概念がきわめて有用な分析的ツールになるという点である。しかし残念ながら、この点についてこれ以上言及する時間的余裕はない。とりあえず私の未遂の課題として残しておきたいと思う

　これで私の報告を終えるが、最後に、私があるところで記したことを再度引用しておく（吉原 2016：12-3）。

> 複雑に変奏するオオクマの人びとの私化のありようは、私生活主義に囚われている私たちの内面をも示している。他方でわたしたちの側で、自分たちを省みないままに無関心が広がっていく。わたしたちは黙り込んでいる。それはオオクマの人びとが言葉をなくしてうずくまっているのとは違う。かれら／かの女らの沈黙には、自分たちの私生活を根こそぎにし、不条理そのものとしてある現実へのくすぶった怒りが渦巻いている。それにたいして、わたしたちの沈黙には、あくまでも『他者』としてそうした現実を批判することに伴うある種の『うしろめたさ』がつきまとっている。

2）　この社会の暴力を前にして、被災者は「底のない無念さと絶望に襲われている」と、先に記したが、こうした暴力の根底にあるものを根源に立ち返っていわば構造的に明らかにする努力をしないで、ただ「底のない無念さと絶望」をコ・プレゼンスに対置させるなら、ある種の共同体主義に特有の弊に陥っていると言われて

第Ⅱ部　「合同生活圏」

　最初に指摘したように、無関心、忘却は社会の暴力である[2]。そういう状況が進展する中で、「犠牲のシステム」は、不可視化されながらより巧妙に再編強化されている。だからこそ、あえて「『犠牲のシステム』を超えるようなコ・プレゼンスは可能か？」というテーマ設定を行ったわけであるが、現実にコ・プレゼンスに至る道は非常に遠いと言わざるを得ない。

〔文　　献〕

Appadurai, Arjun. 1996. *Modernity at Large : Cultural Dimensions of Globalization*. University of Minnesota Press. 門田健一訳『さまよえる近代』平凡社、2002。

Deleuze, Gilles. And Guattari, Felix. 1993. *Mille Plateaux*, Achim Szepanski. 宇野邦一・田中敏彦・小沢秋広訳『千のプラトー――資本主義と分裂症』河出書房新社、1994。

Giddens, Anthony. 1993. *The Third Way : The Renewal of Social Democracy*. Polity. 佐和隆光訳『第三の道：効率と公正の新たな同盟』日本経済新聞社、1990。

Harvey, David. 1989. *The Condition of Postmodernity*. Wiley-Blackwell. 吉原直樹監訳『ポストモダニティの条件』青木書店、1999。

Jacobs., Jane. 1965. *The Death and Life of Great American Cities*. Penguin Books. 黒川紀章訳『アメリカ大都市の死と生』鹿島出版会、1977。

　もしかたがない。この点は管先生が討論の中で指摘されたことでもある。
　同時に、「無念さと絶望」が「自分自身からの排除」をともなって深まっていることを指摘しておきたい。湯浅誠さんは、この「自分自身からの排除」を「貧困」状態（を加速させるもの）として捉えているが、被災者の間で広がっている「無念さと絶望」はある意味でこうした「貧困」の進展／連鎖としてあるといえよう。コ・プレゼンスに至る道は、この「貧困」の進展をどういとめるかが鍵となるであろう。先にも記したように、その第一歩は、とにもかくにも被災者と遠くの、異なる「他者」がともにいることから始まるのだ。
　なお、「犠牲のシステム」の構造的再編をめぐって新自由主義の機制がどのように作用しているかを論じることは、本稿のテーマにとって不可欠の問題構制／論点をなしているが、この点については別の機会を俟って取り組むことにしたい。

Laclau, Ernesto. and Mouffe, Chantal. 1985. *Hegemony and Social Strategy : Towards a Radical Democratic Politics.* Verso. 山崎カオル・石澤武訳『ポスト・マルクス主義と政治』大村書店、2000。

Touraine, Alain. 1997. *Pourrons-nous Vivre Ensemble? Égaux et Différents.* Fayard.

Urry, John. 2003. *Global Complexity.* Polity. 吉原直樹監訳『グローバルな複雑性』法政大学出版局、2014。

河野哲也. 2008.「アフォーダンス・創発性・下方因果」河野哲也・齋藤暢人・加地大介他編『環境のオントロジー』春秋社、239-266。

齋藤純一. 2013.「コミュニティ再生の両義性」伊豫谷登士翁・吉原直樹・齋藤純一『コミュニティを再考する』平凡社新書、15-46. 02。

佐藤栄佐久. 2009.『知事抹殺——つくられた福島県汚職事件』平凡社新書。

高橋哲哉. 2012.『犠牲のシステム：福島・沖縄』集英社新書。

似田貝香門. 2008.「市民の複数性——現代の〈生〉をめぐる〈主体性〉と〈公共性〉」似田貝香門編『自立支援の実践知——阪神・淡路大震災と共同・市民社会』東信堂、3-29。

似田貝香門. 2012.「防災の思想」吉原直樹編『防災の社会学［第二版］』東信堂、13-42。

平井京之介. 2012.「序章　実践としてのコミュニティ」平井京之介編『実践としてのコミュニティ』京都大学学術出版会、1-37.

吉原直樹. 2011.『コミュニティ・スタディーズ』作品社。

吉原直樹. 2013.『「原発さまの町」からの脱却——大熊町から考えるコミュニティの未来』岩波書店。

吉原直樹. 2016.『絶望と希望：福島・被災地とコミュニティ』作品社。

鷲田清一. 2015.『「聴く」ことの力：臨床哲学試論』ちくま学芸文庫。

原子力施設立地をめぐる対抗的"合同生活圏"の形成
—— ドイツの事例から

青木 聡子

1. はじめに

　2011年に脱原発へと大きく舵を切ったドイツでは、それ以降、「エネルギー転換は Dezentralisierung（＝脱中心化、分散化）の問題でもある」と語られるようになった。すなわち、単にエネルギー源が原子力や化石燃料由来のものから再生可能エネルギーへと転換されればよいのではなく、≪中央—地方／都市—周辺≫関係の転換も同時に達成されなければならないという指摘である。もともと分権的であるといわれるドイツにおいても、エネルギーをめぐる≪中央—地方／都市—周辺≫関係はいまだ中央や都市が優位であるとされ、それは好ましくなく改善されるべきものと認識されているのである。

　本稿では、この≪好ましくない≫関係性を切り崩そうとした先駆的な試み、すなわち、不公正さを内包した"合同生活圏"に対する地方／周辺からの異議申し立てとして原子力施設反対運動を位置付け、そこで創出された対

第Ⅱ部 「合同生活圏」

抗的"合同生活圏"に焦点を定めたい。というのも、1970年代半ば以降本格化したドイツの原子力施設反対運動では、連邦各地の建設計画に対して立地地域住民による激しい抗議行動が展開されたが、その際に模索されたのが都市住民との≪好ましい≫連携（＝対抗的"合同生活圏"の構築）だったからである。

　では、立地地域住民、すなわち都市周辺住民は、エネルギーの生産と消費によって成り立つ"合同生活圏"のいかなる点に不公正さを見出し、何をよりどころに対抗的"合同生活圏"を形成したのだろうか。対抗的"合同生活圏"は、なぜ多くの人々を惹きつけ、対抗的たりえたのだろうか。そして、かつて形成された対抗的"合同生活圏"は、現在、当該地域でいかなる役割を果たしているのだろうか。本稿では、これらの点について、原子力施設立地地域での反対運動の事例をもとに検討する。各事例において、人々のあいだで抵抗の記憶や抵抗の物語が共有されてきたこと、それらが対抗的"合同生活圏"の形成に重要な役割を果たしたことを指摘し、それらの来歴や重層性を検証する。

　具体的には、続く第2節でドイツの原子力施設反対運動の概要と特徴とを示したのちに、第3節ではヴィール（Wyhl）原発反対運動を、第4節ではゴアレーベン（Gorleben）での放射性廃棄物をめぐる一連の抗議運動を取り上げる[1]。それぞれの事例において人々が依拠した"抵抗の論理"を明らかにし、ドイツの原子力施設反対運動を大規模かつ継続的たらしめてきた原動力を探っていく。それを踏まえて、第5節では、対抗的"合同生活圏"が果たす役割や今日的意義について検討したい。

---

[1]　2015年12月のシンポジウムではヴァッカースドルフの事例も併せて報告したが、紙幅の都合から、本稿ではヴィールとゴアレーベンの2事例を取り上げる。

2. ドイツにおける原子力施設反対運動の概要と特徴[2]

(1) 概要——2000年脱原発基本合意への道のり

　まず、ドイツの原子力施設反対運動を二つの局面に着目して概観しておこう。

　ドイツにおいて原子力施設反対運動が本格化したのは、それまで主流であった訴訟や陳情といった穏健かつ制度的な手段と併せて座り込みや集会やデモ行進などの直接行動がもちいられるようになった1970年代半ばのことである。ここに第一の局面をみることができる。代表的な事例であるヴィール、カルカー（Kalkar）、ヴァッカースドルフ（Wackersdorf）では許可が下り建設作業が開始されたものの、地域住民を中心とする反対派の激しい抗議運動が展開され、原子力施設建設計画が中止に追い込まれている。

　これらのほかに着工以前に計画が中止されたものも含め、1970年代半ば以降、反対運動は連邦各地で複数の計画を阻止してきた。または、阻止に至らないまでも、ブロクドルフ（Brokdorf）、グローンデ（Gronde）、ゴアレーベンなどでは激しい反対闘争が繰り広げられた。ドイツの社会運動研究者ディーター・ルフトは、さまざまな要因が存在するとの留保をつけながらも、ドイツにおいて累積の原発設備容量が低く抑えられ、アメリカやフランスと比べて原子力への依存度が低いのは、この時期の原子力施設反対運動の成果によるところが大きいと評価する（Rucht 1994：463-472）。

　さらに、1980年代後半に入ると、原子力施設反対運動は第二の局面をむか

　2）　本章は、青木（2017）（青木聡子「エネルギー政策を転換するために――ドイツの脱原発と日本への示唆」長谷川公一・山本薫子編『シリーズ被災地から未来を考える1　原発震災と避難』有斐閣）所収の第2節を再編したものである。

える。原子力問題の"制度内化"である。1980年代半ばまでは反原子力を唱える政治的な勢力がほとんど存在せず、反対派は抗議行動をつうじて、すなわち議会制民主主義という制度の外側からエネルギー政策の転換を訴えるしかなかった。それが、原子力施設反対運動の追い風を受けて同盟90／緑の党（以下、緑の党と略す）が勢力を拡大し、社会民主党（Sozialdemokratische Partei Deutschlands、以下、SPDと略す）が反原発路線へと転じた（1986年）のにともない、原発問題が政治の舞台で議論される、すなわち議会制民主主義の制度の内側で対応されるようになった。州レベルでは1980年代末からSPDや緑の党が次々と政権に参画し[3]、1998年には連邦レベルでもSPDと緑の党との連立政権が誕生した。その政権下で達成された2000年の脱原発基本合意は、ドイツの原子力施設反対運動が制度にのっとったアプローチによって脱原発という決定的な成果を勝ちとったことを意味していた。

2000年6月、SPDと緑の党からなる連邦政府は、原発を運営する電力各社とのあいだで、国内20基の原子炉すべてを段階的に停止することと2005年7月以降は使用済み核燃料再処理の海外委託を停止することとを盛り込んだ基本合意を実現させた。この合意に基づいて2002年4月に原子力法が改正され、ドイツ社会は脱原発への道を歩み始めた。この脱原発への歩みは、第二次メルケル政権（2009年10月発足）によっていったんは停滞したものの、上述したとおり福島第一原発事故を受けて事態は急展開し、2000年の基本合意で定められたのとほぼ同じペースで原子炉の閉鎖が進むこととなった[4]。

---

3) 1988年にシュレスヴィヒ＝ホルシュタイン（Schleswig-Holstein）州でSPD政権が、1990年にニーダーザクセン（Niedersachsen）州でSPDと緑の党との連立政権が、1991年にヘッセン（Hessen）州でSPD政権が、ラインラント＝プファルツ（Rheinland-Pfalz）州でSPDと自由民主党（Freie Demokratische Partei、FDP）の連立政権がそれぞれ誕生した。1985年にSPD政権になっていたノルトライン＝ヴェストファーレン（Nordrhein-Westfalen）州を合わせると旧西ドイツ側の8州（都市州を除く）のうち5州で、原子力の推進に反対する政党が政権をとっていたことになる。

(2) 地理的特徴

次にドイツにおける原子力施設の立地についてその特徴を確認しておこう。図1は、ドイツ国内のおもな原子力施設の立地を示したものである。

これをみると、州によって多少の偏りはあるものの、総じて旧西ドイツ側では均等に原子力施設が立地していることがわかる。都市部から外れた海辺の浦々に集中的に原子力施設が立地する日本の場合と対照的である。これは、日本では冷却水を海水から確保するのに対して、北海に面する一部を除いて海岸線がほとんどないドイツでは、河川から冷却水を確保してきたためである。そのため、旧西ドイツの原発は大きな河川沿いに建設が計画される場合が多く、地理的に偏りの少ない立地となってきた。だが、ドイツの原子力施設の立地の特徴は単に河川沿いであるだけではない。

歴史をさかのぼれば、ドイツに限らず平地が広がるヨーロッパでは、都市は交通や物流の要所として大きな河川に沿って形成され、都市の布置が分散的である。ドイツをみると、日本の場合とは異なり、人口100万人を超える都市はベルリン、ハンブルク、ミュンヘン、ケルンの四つに限られ、50万人以上の都市も10程度にとどまる（上記4都市を含まない）。さらに、ドイツでは、日本の基準で中規模または小規模に相当する都市が一般的であるものの、小規模や中規模とはいっても、大学などの高等教育機関を抱え、政治的、経済的、文化的にも大都市への依存度が低い。そうした都市が河川沿いを中心に日本よりも狭い間隔で点在している。このことが意味するのは、ドイツでは原発を立地しようとすれば半径20～30km以内には都市が存在することになり、都市近郊を避けた原発立地がほぼ不可能ということである[5]。

---

4) 2000年の基本合意では、原則として32年間の稼動期間を経た原子炉から閉鎖していくことになっており、このことは、ある原子炉を32年に満たない稼動期間で閉鎖する場合、残りの期間を他の原子炉の稼動分に上乗せしうることを意味していた。これを鑑みれば、個々の原子炉に閉鎖の期限を設けた2011年の第12次改正原子力法は、2000年の基本合意を上回るペースでの脱原発を進めるものともいえる。

第Ⅱ部　「合同生活圏」

図1　ドイツにおけるおもな原子力施設　　出所：執筆者作成

こうして、ドイツでは都市近郊のなかで相対的に人口密度が低い地域を選んで原発立地が計画され、実際に建設されてきた。そこで一つの疑問がもたれうる。相対的に人口密度が低い地域とはいえ、なぜ、都市近郊への立地が可能だったのであろうか。原発は都市住民の反対に遭わなかったのだろうか。

　一般的に、都市近郊への原発立地は、社会運動研究、とりわけ資源動員論の観点からみれば、反対運動に動員可能な人的資源が豊富であることを意味し、すなわち、反対運動が大規模かつ活発に展開されやすいことを意味する。日本の原発は都市から離れた過疎地域に計画されることがほとんどで、それゆえ動員可能な資源に乏しく立地点周辺での大規模な反対運動の継続が困難であり、結果として原発が建設されてきた。

　ドイツには、上述したように、動員可能な資源が豊富な都市近郊であるにもかかわらず建設されてきた原発が複数存在する。それらのなかには、周辺都市住民による反対運動の記録がほとんど存在しないかきわめて限定的なものにとどまった立地点もみられる（フィリップスブルク、ビブリスなど）。その一方で、激しい反対運動を展開し拒むことに成功した地域もある。このことが示すのは、動員可能な（人的）資源がどのくらいあるのか／いるのかよりも、いかに動員するかが重要ということである。では、どのような地域の運動が参加者の動員に成功したのだろうか。

　上述したように、ヴィールでは原発に、ゴアレーベンとヴァッカースドルフでは使用済み核燃料再処理施設に、カルカーでは高速増殖炉に対して激しい反対運動が展開され建設や操業が中止となった。これらのほかにも、ブロクドルフやグローンデでは、結果として原発が建設され稼働したが、それまでに敷地占拠をともなう反対運動が長期にわたって展開され、当初の想定よりも大幅に長い工期を要し（発注から運転開始まで、それぞれ11年と10年）、そ

5）　ただし、たとえば中間貯蔵施設や最終処分場のように冷却水を必要としない原子力施設の場合は、必ずしも河川沿いの立地ではない。

れにともなって莫大な費用を要することとなった。

　このように、ドイツの原子力施設反対運動を概観すると、1970年代半ば以降の立地点周辺の抗議運動の盛り上がりは、すべての立地点に一様にみられたわけではなく、いくつかの立地点に限定されながら、しかしながら爆発的、集中的に起こったことがわかる。具体的には、1970年代半ばから末にかけてヴィールで、1970年代末から1980年代前半にかけてゴアレーベンとブロクドルフで、1980年代半ばから1980年代末にかけてヴァッカースドルフとカルカーで、1990年代以降はふたたびゴアレーベンでといった具合に、である。西ドイツ国内では、"原子力施設反対運動の聖地"ともいうべき"中心地"が一つまたは二つ恒常的に存在し、連邦各地から人々が押し寄せていたのである。

　しかも、運動の"中心地"がいずれも西ドイツの国境沿いに位置していたことは興味深い。このことは何を意味するのだろうか。一国内の、地理的にも経済的にも政治的にもいわゆる"周縁"に位置づけられる立地点での闘争がいずれも大規模かつ継続的に展開され、ドイツにおける原子力施設反対運動の"中心地"としての役割を果たしえた要因はどこにあったのだろうか。次節以降でこの点を議論するが、それに先立ち本節の最後で、関連する論点を挙げておきたい。

（3）　ビュルガーイニシアティヴという運動スタイル

　前項で指摘した"周縁"立地点の反対運動における特徴とされてきたのは、立地点周辺の住民によって「ビュルガーイニシアティヴ（Bürgerinitiative、以下、BIと略す）」という住民運動団体が形成され、中心的役割を果たしたことである。BIは、直訳すれば「市民／住民のイニシアティヴ［のもとに結成され活動する団体］」であるが、ここで注意すべきは、ビュルガー（Bürger）が文脈によって市民と住民のいずれの意味にもなりうることである。

　もともとBIは、公共交通政策や都市再開発政策に対するコミュニティの

防衛的反応として、1970年代前半に都市部で登場し、それが次第に巨大開発事業に直面した農村地域へと波及したという経緯をもつ。なかでも、1970年代当時建設計画が相次いでいた原子力施設の立地点では、計画に反対する地元住民たちが「ビュルガーイニシアティヴ○○（○○には地名が入る）」を設立し、抗議運動の中心的担い手となっていった。この過程で、BI は「市民運動団体」と「住民運動団体」という両義性を備えていったのである。

　このように両義性を有する BI だが、邦訳の際に「市民イニシアティヴ」と表記されたことで、もともと備わっていた「住民運動団体」というニュアンスが弱まり、日本では「市民運動団体」とみなされてきた。BI による運動は、日本的な「市民／住民運動」の枠組みのなかで「市民運動」として理解され、ドイツの BI は普遍的価値志向性や開放性を有する「市民」であるという点が強調されてきた。そこに含意されているのは「それにひきかえ日本の反対運動は地元に閉じた『住民運動』であり、それゆえ全国的なうねりへと展開しえなかったのだ」というニュアンスである。だが、結論を先取りすれば、次節以降の事例分析から浮かび上がるドイツの反対運動の担い手像は、むしろ、「地域エゴ」という批判にさらされながらも"上からの公共的価値"に抗った「住民」である。

　そもそも、立地点周辺の人々が原子力施設に反対を唱えることは大変な困難を伴う。原子力施設の立地は、貴重な雇用を創出し多額の税収や副次的な経済効果をもたらすなど、地域社会へのメリットが多大と考えられるためである。ドイツにおいてもそれは例外ではなかった[6]。では、人々はどのようにして反対を唱える際の困難を乗り越えたのだろうか。人々が困難を乗り越ええた理由について、次節以降で、具体的な事例のなかで人々が依拠した"抵抗の論理"に着目しながら明らかにしたい。

6）　ただし、日本の電源三法交付金に相当する制度がドイツには存在しないという点では、原発立地自治体の財政面での原発依存度は日本の場合とは異なる。

第Ⅱ部 「合同生活圏」

3. ヴィール闘争における"抵抗の論理"

(1) 事例の舞台と概要[7]

　ヴィール原発反対運動は、着工後の原発建設阻止に成功したドイツ初の本格的な反対運動として国内外で知られる事例であり、上述した通り、1970年代半ばから末にかけて西ドイツの原子力施設反対運動の"中心"となった運動である。舞台は、ドイツ南西部、バーデン＝ヴュルテンベルク（Baden-Württemberg）州のなかでもさらに南西部の、フランスやスイスとの国境に囲まれたオーバーライン（Oberrhein）地方である。当地はドイツ国内でもっとも温暖な地域ともいわれ、なかでもカイザーシュトゥール（Kaiserstuhl）は、良質なワインの生産地として有名である。そのカイザーシュトゥールから10kmも離れていないヴィールの森（村有地）に原発の建設が計画されたのは、1973年のことであった。現場は、ライン川沿いの森で、対岸はフランス領である。ヴィールでは1960年代までは葉タバコの生産が盛んで、村内に4企業がそれぞれ加工場を設けていたが、葉タバコの需要低下とともに産業は衰退し、加工場は全て撤退または閉鎖に追い込まれた[8]。こうした事情を背景に、ヴィール村当局は、バーデンヴェルク（Badenwerk）社による原発建設計画を受け入れることにし、村有地であった森を同社に売却する意向を表明した（1973年7月19日）。村議会も原発立地に積極的であり、建設計画は順調に進むかに思われた。

　7） 本節は、青木（2013）の第三章に基づき、再編加筆したものである。詳しくは青木（2013）を参照されたい。

　8） 2012年9月11日にヴィール村長ヨアヒム・ルート（Joachim Ruth）氏におこなった聞き取り調査（於：村役場）による。

だが、実際に原発建設が明らかになると、ヴィール近隣の村々で複数の住民運動団体が形成され、反対運動が即座に開始された（1973年7月）。なかでも、運動の主導的役割を果たしたのが、ヴィールの隣村、ヴァイスヴァイル（Weiswel）で発足したビュルガーイニシアティヴ・ヴァイスヴァイル（BI Weisweil、以下BIWと略す）であった。自治体単位の住民団体のほかにも、ライン川の漁業関係者たちはボートによるデモをおこない（1973年8月）、カイザーシュトゥールのワイン農家たちはトラクターを連ねてデモ行進を実行した（1974年4月）。反対運動は国境を越えてフランス側にも拡大し、一帯をカバーする運動団体連合「バーデン＝アルザス・ビュルガーイニシアティヴ連合（Badisch-Elsäsischen Bürgerinitiativen、以下BEBIと略す）」が設立された（1974年8月）。

1975年2月からは建設予定地でBEBI主導による敷地占拠が実行された。敷地占拠は8ヶ月以上にわたって続けられ、最終的に原発計画反対派は、「建設差し止めを求めた訴訟（1973年に提訴）の判決が下るまでは建設を中止する」ことを計画推進側に認めさせるに至る。これに加えて、占拠者に刑事罰を課さないことと、反対派グループによる見張りの常駐を認めることとを条件に占拠地は明け渡され、敷地占拠に終止符が打たれた（1975年11月）。敷地占拠終了後も、ヴィールでは計画推進派と反対派による一進一退の攻防が続き、工期の延長が繰り返され建設コストも膨れ上がっていった。こうしたなか、州首相がヴィール原発建設計画の断念を突如発表する（1983年8月）。最終的には、連邦行政裁判所が建設許可を取り消す判決を下した（1985年12月）ことでヴィール原発の建設中止が正式に決定している（表1）。

このように展開されたヴィールの闘争であったが、では人々はなぜ原発建設計画に反対し運動に身を投じたのだろうか。①人々は自らのおかれた状況をいかに意味付け（何を不公正とみなし）、②何をよりどころとして対抗的"合同生活圏"を形成したのかに沿って、人々が依拠した"抵抗の論理"をみていこう。

第Ⅱ部 「合同生活圏」

表1　ヴィール原発反対運動関連年表

年	おもなできごと
1973	［7月19日］BW社によるヴィール原発建設計画がラジオ番組のスクープで明らかになる ［7月20日］ヴァイスヴァイルの反対派住民がBIWを結成（翌日に抗議デモ） ［7月22日］ヴィール村当局とBW社による村民向け説明会 ［8月］漁業者によるライン川ボートデモ ［10月］BW社，ヴィール原発の建設許可を申請
1974	［4月］ワイン農家によるトラクターデモ ［4月］反対派住民，約96000人分の反対署名をエメンディンゲン郡長に提出 ［8月］BEBI結成，原発建設の差し止めを求めフライブルク下級行政裁判所に提訴 ［9月］ヴィール村当局，BW社への村有地売却の是非を問う住民投票を告知
1975	［1月12日］村有地売却の是非を問うヴィール村住民投票の実施→55％の賛成で売却決定 ［1月］ヴィール原発第一部分建設許可 ←BEBI，取り消し処分申請をフライブルク下級行政裁判所に提出 ［2月11日］ヴィール村当局，BW社に用地を売却 ［2月17日］BW社，ヴィールの森の伐採開始 ［2月18日］BEBI，ヴィールの森にて第一回敷地占拠を実行（2月20日に強制撤去） ［2月23日］BEBI，ヴィールの森にて第二回敷地占拠を実行（11月まで継続） ［3月］占拠地内に「フレンドシップハウス」設置［4月］占拠地内で「ヴィールの森市民大学」開始 ［3月］フライブルク下級行政裁判所による建設停止の仮処分申し渡し←BW社は控訴 ［10月14日］マンハイム上級行政裁判所，建設再開を認める逆転判決 →BW社，BEBIに占拠地の明け渡しを要求 ［10月15日］BEBI，建設差し止め訴訟（1974年8月提訴）の判決までは占拠続行と宣言 ［10月24日］BEBI，①建設差し止め訴訟判決までの建設作業停止と②占拠者に刑事罰を問わないことと引き換えに，ヴィール村当局・BW社との占拠地明け渡しの話し合いに応じると表明 ［10月29日］BEBI，上記の条件で占拠地を明け渡すことを全体集会で決定 ［11月7日］BEBIによる占拠地明け渡し ［11月10日］BEBI，州政府，BW社の各代表者による第一回交渉 ［11月24日］BEBI，州政府，BW社の各代表者による第二回交渉 ［12月8日］BEBI，州政府，BW社の各代表者による第三回交渉
1976	［1月14日］BEBI，州政府，BW社の各代表者による第四回交渉 ［1月31日］BEBI，州政府，BW社の各代表者により「オッフェンブルク協定」締結
1977	［4月］フライブルク下級行政裁判所による建設差し止め訴訟判決 →安全対策の不備を理由に建設差し止め　→BW社は控訴
1982	［3月］マンハイム上級行政裁判所，下級審判決を破棄しBW社に建設を認める判決
1983	［3月］BEBI，「区画80」に対する異議申し立て→45000人分の反対署名 ［6月］BEBI，ライン川の水利権をめぐりBW社を提訴 ［8月］州首相，ヴィール原発建設計画の断念を発表
1985	［12月］連邦行政裁判所，ヴィール原発建設許可を取り消す判決

出所：Nössler und de Witt Hrsg.（1976）、Löser（2003）、Rucht（1988）および聞き取り調査の結果をもとに筆者作成

（2） 人々は何を不公正とみなしたのか

　1970年代後半に展開された西ドイツの原子力施設反対運動を鳥瞰的に整理したルフトは、人々の原子力施設への反対理由について、通常の環境運動における環境配慮意識に加えて以下の7点を挙げている。①原子力施設と核兵器との関連性、②周辺住民が負うことになる恒常的なリスク、③科学技術による「人間らしさ」の喪失とテクノクラシー化、④原子力産業を通じた政府と企業の癒着の進展、⑤「原子力帝国」化への危惧、⑥立地点の経済・社会構造への脅威、⑦自然環境への脅威の7つである（Rucht 1980：78）。

　ヴィール原発反対運動に関して一般的にいわれてきたのは、ブドウの品質が低下することに対するワイン農家の反発と、ライン川の漁獲に影響が出ることに対する漁師の反発とが強かったという点、すなわち上記のルフトの指摘のうち⑥に相当する理由であった。原子炉に併設される冷却塔から排出される水蒸気によって、これまでブドウ栽培に適して絶妙に保たれてきた周囲の湿度が変わってしまうことをワイン農家は問題視し、原発からライン川に排出される温水によってわずかながらでも水温が上昇することで、魚介類の生態系に悪影響が出ることを漁師は問題視したという認識である。それに加えて、フライブルク（Freiburg）大学の学生や研究者によって放射能のリスクが指摘されるようになり、ヴィールやその周辺自治体の住民が原発建設に不安をもつようになった。すなわちルフトの整理のうち②や⑦に相当する理由も先行研究では指摘されている（Rucht 1988；若尾 2012など）。

　だが、実際に調べてみると、先行研究で指摘されてきた理由以外にも、さらにはルフトの整理のうちのいずれにも相当しないような理由が現地では語られてきたことがわかる。それは、オーバーライン地方の住民が自らの故郷に対して抱いていた感情と強く結びついた理由であり、特に第二次世界大戦と関連づけた次のような語りに現れる。

　この国境地帯は、これまでほとんどかえりみられることがなかった。戦

第Ⅱ部　「合同生活圏」

時中は爆撃によって壊滅的な打撃を受け、戦後の経済再建期には故意に無視されてきた（Nössler und de Witt Hrsg. 1976：14-5[9]）。

戦前の西方防壁をつくるときに、おれのところの農地はめちゃめちゃにされた。［……中略……］戦後、当時おれは18歳の若造だったが、捕虜だったのを解放されて故郷に戻ったおれが見たのは、瓦礫の山と化した故郷の姿だった（傍点および［　］は執筆者による、以下同）（Gladits Hrsg. 1976：64[10]）

　第二次世界大戦中、西部の前線であったオーバーライン地方は、連合国軍の激しい攻撃にさらされ、敗戦によってアルザスはフランス領となった。ドイツ側に残った村々でも、終戦時の人口は開戦前の半数以下に激減した。こうした歴史的背景のもと、「自分たちは戦争時に国から見捨てられた」という意識がこの地方の住民のあいだには強い。戦後には、重化学工業を中心とした工場立地が進み、オーバーライン地方には工業地帯が形成されたものの、その際にも地元の農家や漁師はその恩恵に与ることはなく、取り残された存在だった。それどころか工場廃水でライン川の汚染も急速に進んだ。度重なる戦争で国境線の変更が繰り返され、第二次世界大戦後には生活環境の悪化が起こっていたオーバーライン地方の農家や漁師たちにとって、自らの故郷は、国によって「故意に無視されてきた」地域だった。

　しかし、そのような地域であっても、農家や漁師は、故郷で生計を立て、先祖代々の農地や漁場を守り、次の世代に引き継いでいかなければならなかった。その故郷に、原発の建設が計画されたのである。原発に設置される冷却塔が周辺の気候に影響を及ぼし農作物の出来を悪くし、生計に打撃を与えるであろうということは、専門家の調査によって明らかになっていた。こうした状況を目の当たりにした地元住民の感情は、次に挙げる農家の語りに

---

9)　ヴィール生まれの鍛冶屋Ｓ氏の語りから引用した。
10)　ヴァイスヴァイルの農家Ｆ氏の語りから引用した。

凝縮されていよう。

> 辺境に生きる、ただそれだけの理由で、私たちに産業がもたらされることは無かった。しかも、この期に及んで「汚れたもの」を押し付けようとする。それが5年以内に実現されそうだと考えただけで歯軋りする思いだ。(Gladitz Hrsg. 1976：53)

　オーバーライン地方の人々にとってヴィール原発建設計画とは、故郷に再び壊滅的荒廃をもたらしかねない「またしても降りかかってきた火の粉」(Gladitz Hrsg. 1976：64)であり、そのような「火の粉」がまたしても中央から一方的にもたらされることが、彼らにとって不公正な事態だったのである。

　筆者がおこなった聞き取り調査のなかでも、「村の90％が戦争で破壊された。だから、この辺の住民には『二度とこのような目に遭いたくない』という気持ちが強いのだ」という語りが聞かれた[11]。それと同様の故郷の破壊をもたらしうる原発は、彼らにとって、なんとしても阻止しなければならないものであった。敷地占拠に参加した住民は次のように語っている。

> 戦争中、私の村は三度も疎開を経験しました。父や息子を失った家族もありました。[……中略……] いうにいわれぬ苦しみを味わったのです。ほかならぬ戦争のために、です。そのときに私は誓いました「大きくなったら全力を尽くして、あらゆる手段を駆使して反戦の闘いをしよう」と。現在私はそれを実行しているのです。(Nössler und de Witt Hrsg. 1976：134[12])

---

11)　2005年2月25日、ヴァイスヴァイルの農業従事者GSさんにおこなった聞き取り調査による。

12)　敷地占拠に参加した主婦（1926年生まれ、キーヒリングスベルゲン在住）の言葉から引用した。

第Ⅱ部 「合同生活圏」

　私たち敷地占拠の参加者の多くは、ナチス時代を体験してきました。ですから、もはや権力をもつ者が絶対的に正しいと信じるわけにはいかないのです。(Nössler und de Witt Hrsg. 1976：144[13])

　彼らにとってヴィール原発への反対は、単に目の前の原発計画に反対することにとどまらなかった。それは、かつてなしえなかった「反戦」であり、権力に盲目的でないことの表明であり、中央の言いなりにならずに故郷を守るために闘うことであった。こうして、意を決した住民たちが反対運動のシンボルとしたのが、古くから語り継がれてきた郷土の英雄、ヨス・フリッツ (Jos Fritz) である。

（3）　人々は何をよりどころに対抗的"合同生活圏"を形成したのか

　オーバーライン地方の住民の気質について語られる際に必ずといってよいほど言及されるのが「ドイツ農民戦争」である。ドイツ農民戦争とは、1524～1526年におもにドイツ南西部から中部で展開された、農民を中心とする反乱である。オーバーライン地方には、農民戦争がいち早く波及していたが、その際に、「国家権力の廃棄」、「租税・地代の廃止」、「共同地の開放」という急進的な要求を掲げて農民を率いたのが、指導者ヨス・フリッツという人物である。ヨス・フリッツは、民衆を率いて権力に抗したオーバーライン地方の英雄として語り継がれ、同時に、オーバーライン地方の住民は、自らをヨス・フリッツとともに闘った「抑圧されながらも権力に屈しないわれわれ」として語り継いできた。

　先述したように、オーバーライン地方の住民にとって原発建設計画は「またしても降りかかってきた火の粉」(Gladitz Hrsg. 1976：64) であり、火の粉は自らの手で払わなければならなかった。そしてその際に、ヨス・フリッツ

---

[13]　敷地占拠に参加した地元農民であり漁師でもある男性（1929年生まれ、ヴァイスヴァイル在住）の言葉から引用した。

が「火の粉を払う」シンボルとして登場する。原発反対派は、権力に立ち向かう存在、ヨス・フリッツをモチーフにもちいたポスターや横断幕を使用し運動を展開した(図2)。反対運動のニューズレターではヨス・フリッツ特集が組まれた(図3)。

これらからわかるのは、運動を主導した住民たち(BIBE)にとってヴィール原発反対運動は現代版農民戦争として展開されていたことである。彼らがおこなったのは、ヨス・フリッツや蜂起する民衆を反対運動のシンボルとし、現代版農民戦争という運動像を潜在的参加者としての地元住民に提

図2　ヨス・フリッツをモチーフにしたヴィール原発反対運動のポスター
出所:執筆者撮影(2005年3月、ヴァイスヴァイルにて)

示することであった。はたして、その運動像は地元住民たちに受け入れられ、彼らを運動へと惹きつけていった。それは、権力に抗ったかつての英雄の伝承や蜂起した民衆の伝承、さらには中央から翻弄され続けてきたという記憶を共有する地元住民によって、このたび降って湧いたヴィール原発建設計画がふたたび抗うべき機会ととらえられたためである。人々は、かつて郷土の住民たちがそうしたように今度は自分たちが蜂起するときであると、自らがおかれた状況を認識し、反対運動を、繰り返され蓄積されてきた抗いの歴史の最も新しい層と意味づけたのである。

ヴィール以前のドイツの原子力施設反対運動において地元の住民団体が用いたのは、訴訟、署名活動、公聴会への参加といった「おとなしい」手段であり、直接行動がおこなわれるにしても集会などの比較的穏健なものにとどまっていた。こうした反対運動は全国的なマスメディアに取り上げられることが少ない上に地元外からの支援も少なく、局地的かつ散発的な住民運動の

第Ⅱ部 「合同生活圏」

図3　ヴィール原発反対運動のニューズレター内で組まれた農民戦争の特集記事
出所：1975年8月5日発行のニューズレター "Was Wir Wollen" より

域を出なかった。これに対してヴィール原発反対運動は、BIBE がその地域に固有の運動像を提示することで地元住民を運動に惹きつけ、さらには地元外からの参加者も巻き込んで敷地占拠という大規模な直接行動を成功させた。敷地占拠という画期的な戦術は、マスメディアに大々的に、それも好意的に取り上げられた。ヴィールでの成功を目の当たりにしたほかの立地点では、新しい戦術が積極的に取り入れられるようになった。そのひとつが、次に取り上げるゴアレーベンの反対運動である。

　ゴアレーベンの闘争では、1980年に敷地占拠が実行され、ヴィールに次いで西ドイツの原子力施設反対運動の中心としての役割を果たしてきた。だが、後述するように、ゴアレーベンやその周辺地域は、人口の流動性が高く、人々のあいだで語り継がれてきた郷土の歴史や抵抗の物語に乏しい地域であった。それゆえ、住民たちが依拠した"抵抗の論理"は、郷土の英雄や物語とは異なる、より現代的なものであった。

4. ゴアレーベン闘争における"抵抗の論理[14]"

（1）舞台と概要

　反対運動のおもな舞台となってきたのは、ニーダーザクセン州、リュヒョウ＝ダンネンベルク郡（Landkreis Lüchow-Dannenberg）、ガルトウ（Gemeinde Gartow）に属する、ゴアレーベン地区である。18世紀ごろ、リュヒョウ＝ダンネンベルク郡とほぼ同範囲を指すヴェントラント（Wendland）という呼び名が定着し、それ以来、地域住民は自らを「ヴェントラント人」と呼んできた。ドイツ領となった12世紀以降、住民の移入と転出が繰り返されたが、

14）本章は、青木（2017）（青木聡子「エネルギー政策を転換するために――ドイツの脱原発と日本への示唆」長谷川公一・山本薫子編『シリーズ被災地から未来を考える1　原発震災と避難』有斐閣）所収の第4節を再編したものである。

第Ⅱ部 「合同生活圏」

　この地域の人口移動に決定的な影響を与えたのは、第二次世界大戦である。戦禍によって約60％の住民を喪失したヴェントラントには、戦後、東方からの引揚者や避難者が移入した。さらに、東西ドイツ分断直前に東側から避難してきた人々を含め、現在のヴェントラント住民の25〜30％が戦争直後に移入してきた人々である（Landkreis Lüchow-Dannenberg Hrsg. 1977：96-110）。東西ドイツ分断後は、三方向を旧東西国境に囲まれるかたちとなり、旧東ドイツ領内に突き出た「西ドイツの突端」と呼ばれた。1970年代初めには、学生運動を経験した都市部の若者たちの一部が、オルタナティヴな生活を実行するためにヴェントラントに移り住んでいる。彼らは独自のコミューンを形成し当地で生活し、現在でも、彼らの一部は当地に暮らす。1970年代以降は、自然のなかでの創作活動を求めるアーティストたちがヴェントラントに移住した。自然環境の豊かなこの地域一帯は余暇の滞在先として人気があり、都市部からの観光客も少なくないが、農業と観光以外には目ぼしい資源も産業もないため、失業率が慢性的に高く、若者の流出も続く。人口密度が低く、典型的な過疎地域であり、東西ドイツ時代には、地理的にも経済的にも、文字通り西ドイツの"周縁"であった[15]。

　こうしたヴェントラントのなかでも、さらに旧東西国境に近いゴアレーベン地区に、放射性廃棄物の中間貯蔵施設とパイロットコンディショニング施設[16]が設置され、中間貯蔵施設には、1996年以降、高レベル放射性廃棄物

---

15) Landkreis Lüchow-Dannenberg Hrsg.(1977)によれば、1977年、ヴェントラントにおける就業人口のうち約33％が農業従事者であり、当時の西ドイツ平均（約7％）と比べると圧倒的に高い割合であった。失業率は1970年代に入って急増し、1976年末の時点で10.5％と、当時の西ドイツ平均の約2倍であった。人口密度は41人／km^{2}であり、ドイツ全体の平均（231人／km^2）やニーダーザクセン州平均（168人／km^2）と比べて著しく低かった。

16) 使用済み核燃料を最終処分（埋設）できるようにパッキングするための施設。

17) 1994年以前の低レベル放射性廃棄物の輸送・搬入をカウントすればさらに多くなる。

が11回に渡って搬入されてきた[17]。さらに、当地は連邦政府が建設を計画する使用済み核燃料最終処分場の最有力候補とみられてきた。

ヴェントラントで放射性廃棄物をめぐる闘争が始まったのは、1977年のことである。同年2月、ニーダーザクセン州首相が、州内の4候補地のうちゴアレーベンを「放射性廃棄物処理センター（Entsorgungszentrum）」の立地点とすると発表した。同年7月、連邦政府はゴアレーベンを立地点に決定し、ゴアレーベンを管轄するガルトウも受け入れを表明した。これに対して、ヴェントラントの反対派住民たちはさまざまな団体を形成して反対運動を開始した。それ以来、当地では、住民運動団体「リュヒョウ＝ダンネンベルク・ビュルガーイニシアティヴ（Bürgerinitiative Lüchow-Dannenberg、以下BILDと略す）」が中心的な役割を果たし、そのもとで大小さまざまな地元住民団体が独自の活動を展開する反対運動が40年以上にわたって展開されている（表2）[18]。とりわけ、1990年代半ば以降はいわゆる「キャスク輸送」をめぐって激しい抗議行動がおこなわれてきた。

ドイツ国内の原発の使用済み核燃料は、おもにフランス北西部のラ＝アーグ（La Hague）で再処理されてきた[19]。使用済み核燃料は再処理によって、MOX燃料の原料となるプルトニウムとそれ以上利用不可能なウラン236とに分けられる。このウラン236が高レベル放射性廃棄物（ガラス固化体）として、陸路でラ＝アーグからゴアレーベンの貯蔵施設まで輸送される[20]。ガラス固化体の容器「キャスク」の名を取って「キャスク輸送」と呼ばれる一連の輸送・搬入作業は、ゴアレーベンでは1996年以降繰り返され、そのたびに輸送・搬入路周辺で激しい抗議行動が展開されてきた。

具体的には、ヴェントラント住民5000人以上、連邦全土から1万人以上が

---

18) ゴアレーベンの事例に関して、詳しくは青木（2013）を参照されたい。
19) 2000年の脱原発基本合意にもとづく原子力法改正（2002年）によって2005年以降は委託が停止されている。
20) ダンネンベルクまでは鉄道で、そこからゴアレーベンまではトラックで一般道を通って輸送される。

第Ⅱ部　「合同生活圏」

表2　ゴアレーベン闘争関連年表

年	ゴアレーベン闘争関連事項
1974	・「リュヒョウ＝ダンネンベルク・ビュルガーイニシアティヴ（Bürgerinitiative Lüchow-Dannenberg、BILD）」が発足（2月）
1977	・ニーダーザクセン州首相エルンスト・アルブレヒト、「核廃棄物処理センター」立地点をゴアレーベンに正式決定したと発表（2月22日）
1977	・BILDを登録団体として設立（3月2日）
1978	・ドイツ核燃料再処理有限会社（DWK）による用地買収（1－7月）　※用地は後に「ゴアレーベン核燃料貯蔵会社（BLG）」が所有
1979	・ハノーファまでのトラクターデモ実行（3月25日－31日）※ハノーファで開催された集会には12万人以上が参加 ・州首相アルブレヒト、ゴアレーベンへの使用済み核燃料再処理施設建設を断念（5月）
1980	・「グランド1004」の敷地占拠。コミューン「ヴェントラント自由共和国」の形成（3月3－6月4日）
1981	・ガルトウが中間貯蔵施設建設受け入れを表明（5月）※1982年1月に建設開始
1983	・中間貯蔵施設完成
1984	・低レベル放射性廃棄物の中間貯蔵施設への搬入（10月）※輸送路ではバリケードなどの抗議行動
1986	チェルノブイリ事故（4月26日）
1986	・BLGが「パイロットコンディショニング施設（PKA）」のゴアレーベンへの建設を申請（4月30日）
1988	・州議会がPKA建設を可決（9月）
1989	・ガルトウ議会がPKA建設を可決（12月）
1990	・原子力法に基づくPKA建設許可（1月）　・PKA建設反対の敷地占拠（2月1日－6日）※Initiative 60メンバーを含む約100人が参加
1991.8	・中間貯蔵施設への低レベル放射性廃棄物の搬入（6月）※ベルギー・モル原発から
1993.8	・中間貯蔵施設への低レベル放射性廃棄物の搬入（8月）※ドイツ国内の諸原発から
1994	・低レベル放射性廃棄物輸送・搬入作業、抵抗運動（7月7日－12日）　※この時以来、輸送・搬入作業中の集会が禁じられた
1996	・キャスク輸送（5月6日－8日）　※約1万人が抗議行動、約1万人の警察隊および連邦国境警備隊が投入された（戦後ドイツ史上最大規模の警察隊投入、輸送コストは約9千万マルク）
1997	・キャスク輸送（3月4日－5日）　※約1万5千人・トラクター570台が抗議行動、約3万人以上の警察隊が投入された（輸送コストは約1億7千万マルク）
1997	・ガルトウ議会が「ニュークリア・サービス社（GNS、BLGの親会社）」との協定を可決（12月）→「構造均衡措置」としてガルトウはGNSから毎年90万マルクを受け取る。放射性重金属が1500トンを超えて中間貯蔵施設に貯蔵される場合は、さらに毎年50万マルクを上乗せ。2036年までに総額約8千万マルクがガルトウに振り込まれる。
2001	・キャスク輸送（3月27日－29日）　※約2万人が抗議行動、約2万8千人の警察隊が投入された
2001	・キャスク輸送（11月12日－14日）　※約2万人が抗議行動、約3万人の警察隊が投入された
2002	・キャスク輸送（11月9日－12日）　※約2万人が抗議行動
2003	・キャスク輸送（11月9日－12日）　※1万5千人が抗議行動、約1万人の警察隊が投入され、輸送コストは約2500万ユーロ
2004	・キャスク輸送（11月6日－9日）　※約2万人が抗議行動、約1万5千人の警察隊が投入され、輸送コストは約2100万ユーロ
2005	・キャスク輸送（11月19日－20日）　※約2万人が抗議行動
2006	・キャスク輸送（11月11日－13日）　※約1万5千人が抗議行動
2008	・キャスク輸送（11月7日－10日）　※約1万5千人が抗議行動、約2万人の警察隊が投入され、輸送コストは約2500万ユーロ
2010	・キャスク輸送（11月7日－9日）　※約1万5千人が抗議行動、約1万6千人の警察隊が投入され、輸送コストは約2500万ユーロ
2011	・キャスク輸送（11月26日－29日）　※約2万人が抗議行動

略語一覧
BILD　リュヒョウ＝ダンネンベルク・ビュルガーイニシアティヴ（＝Bürgerinitiative Lüchow-Dannenberg）
BLG　ゴアレーベン核燃料貯蔵会社（＝Brennelement Lagergesellschaft Gorleben）
DWK　ドイツ核燃料再処理有限会社（＝Deutsche Gesellschaft für Wiederaufarbeitung von Kernbrennstoffen mbH）
GNS　ニュークリア・サービス社（＝Gesellschaft für Nuklearservice）
PKA　パイロットコンディショニング施設（＝Pilotkonditionierungsanlage）
出所：ゴアレーベン・アーカイブ（Gorleben Archiv、http://www.gorleben-archiv.de）、およびエルベ・イェーツェル新聞（Elbe-Jeetzel Zeitung）のデータをもとに執筆者が作成

原子力施設立地をめぐる対抗的"合同生活圏"の形成

現場での抗議行動に参加する。輸送路にはトラクターでバリケードが形成され、若者を中心に5000人近くが座り込みをおこなう。寝袋やテントを背負って連邦全土から集まる若者が多く、ヴェントラントの至るところに仮設のキャンプ場が形成され、地元住民による炊き出しがおこなわれる。年配の地元住民は、日常的な活動のほか、当日は「キャスク輸送反対ミサ」への参加という形で反対の意思を表明する。現場には多様な人々が混在し、参加形態もさまざまである。

　こうした抗議行動に対して、毎回、連邦各地から1〜2万人の警察隊が動員される。輸送の1週間以上前から輸送経路には有刺鉄線が張り巡らされ、監視が強化される。座り込みやトラクターによるバリケードに対しては、放水車を用いた徹底した撤去作業がおこなわれる。拘束者や逮捕者も少なくない。キャスクは、普段なら半日ほどで済む道のりを丸2日以上かけて輸送され、コストも日本円にして数10億円に達する。

　では、なぜゴアレーベンでは、かくも激しくかつ継続的に抗議行動が続けられてきたのだろうか。40年以上にわたって人々を運動に駆り立てているものは何なのだろうか。

（2）　第一世代が語る"抵抗の論理"

　1970年代後半の運動開始当時にその中心的な担い手であった、いわゆる第一世代の地元住民が語るのは、ヴィールの場合と同様に、第二次世界大戦に引きつけた"抵抗の論理"である。なかでも「ヒロシマ」や「ナガサキ」への言及が多く聞かれた。たとえば、次のような語りである。

　　一度事故が起これば［原爆投下後のような］ヒロシマ・ナガサキの惨状
　　だ。破壊され尽くした故郷を見るのはもうこりごりだし、子どもや孫に

---

21)　2005年1月30日にリュヒョウでおこなったDB氏（1920年代生まれ、男性）への聞き取り調査の結果による。聞き取り調査をおこなった当時70歳以上だったヴェントラント住民12名のうち10名が同様の語りをしている。

第Ⅱ部 「合同生活圏」

あんな経験をさせたくない[21]。

　70歳代以上（聞き取り調査をおこなった2005年当時）の戦争経験者が大半を占める第一世代の人々にとって、原子力施設は核兵器と直結したものであり、大戦中に経験した故郷の壊滅を思い起こさせるものであった。それと同時に、「ナチス時代」に言及し、「人間を人間として扱わない時代に逆戻りするのか。そんな経験をするのは私たちだけで十分だ」という語りも聞かれた[22]。

　さらに、第一世代のうち農業を営む人々のあいだで聞かれたのは、反対運動は「自己の存在を守るための闘い」であるという言葉であった。例えば、祖父の代からの農地を受け継ぎ農業・畜産業に従事してきたBH氏は次のように語る[23]。

> 私たち農家は土地に縛られている。［……中略……］私たちは、生活していくために自らの存在を賭けて現場で闘うしかない。

　だが、彼らは自己の存在や生活基盤を守るためだけに反対運動を展開してきたわけではなかった。BH氏は、反対運動を「子どもたちに『勇気』を見せるための闘いでもある」と語るのである。また、BH氏と同様に祖父の代から農業を営むZK氏は、キャスク輸送の際の抗議行動について次のような言い方をする[24]。

> キャスクが結局は搬入されてしまうことは分かっている。［バリケードな

---

22) 2005年2月5日にリュヒョウでおこなったAQ氏（1920年代生まれ、男性）への聞き取り調査の結果による。
23) 2005年2月6日にクレンツェ（Clenze）でおこなった聞き取り調査の結果による。BH氏は1944年生まれの男性。
24) 2005年2月6日にクレンツェでおこなった聞き取り調査による。ZK氏は1952年生まれの男性。年齢からみれば第二世代に入るが、20歳代だった1970年代後半からすでに反対運動の中心的担い手であったことから、ここでは第一世代に入れている。

どの抵抗が]負けてしまうのは分かっている。それでも、私たちは皆で抵抗するのだ。

　これらのなかで、「自己の存在を守るための闘い」に込められた問題意識は、前述したルフトの指摘のうち、②地域住民が負うことになる恒常的なリスク、⑥経済的生活基盤への脅威、⑦自然への脅威に対応する。だが、こうした問題意識のもと直接行動に打って出てもキャスクの搬入を防げないということは、彼らには自明のことであった。それでも彼らが実際に行動を起こすのは、「子どもたちに『勇気』を見せるための闘い」や「負けてしまうのは分かっている……」といった語りにあらわれているように、抗議行動を目的（＝キャスク輸送阻止）達成のための手段とみなすのではなく、抗議行動自体を目的化し運動の表出性を重視した運動観を有しているためと考えられる。そして、こうした運動観は、第一世代から運動を引き継ぎ1990年代半ば以降のキャスク輸送反対闘争の中心の担い手となってきた第二世代のあいだでもみられる。ただし、第一世代とは異なる意味づけをともなって、である。

（3）　第二世代が語る"抵抗の論理"

　先述したように、学生運動の直後からヴェントラントには若者たちが移住し始め、彼らによるコミューンが形成された。現在では、ほとんどのコミューンは解体したものの、60歳代を迎えるかつてのコミューン住民は、ゴアレーベンの反対運動に積極的に関わっている。運動を開始した第一世代が80歳代以上となった今、第二世代がBILDの活動を引継ぎ、反対運動をリードする。かつてのコミューン住人のほかにも、1980年代以降にヴェントラントに移住した学生運動世代が、当地でさまざまなアクショングループを形成し、イベントを開催するなど、活発に反対運動を展開している。

　こうした第二世代のあいだでも、農業従事者と同じく、「直接行動によってキャスクをとめることは不可能」という語りが聞かれた。地元の主婦GB

第Ⅱ部　「合同生活圏」

さんは、「確かに、座り込みによってキャスク輸送を止めることはできない。[……中略……] それでも私たちは行動を起こさなきゃいけない」と語る[25]。座り込みのための団体「X-1000 Mal Quer」を組織したHW氏も、「私たちは、なにも、警察隊と衝突したいわけではない。キャスク輸送反対の意思を示す、なにかしらシンボリックなことをしたいのだ」と語る[26]。

　これらの語りが示すのは、第二世代の彼らも、農業従事者と同じく、抗議行動に直接的な効果を期待しているわけではないということである。それではなぜ、直接行動に参加するのか、という問いに対して、前掲の主婦GBさんは、次のように答えた。

　　いつか子どもや孫にこう聞かれたとするでしょ。「どうして僕たちの故郷は核のゴミ捨て場になっちゃったの」って。その時に、私は、「確かに、今、ヴェントラントは核のゴミ捨て場になっている。でもね、私たちはそれをただ指をくわえて見ていたわけではないのよ。精いっぱい抵抗したけどダメだったのよ」と答えたいの。

　さらに彼女は、子どもや孫からの問いかけに対して「ただ指をくわえて見ていたわけではない」と答えることの意義について、次のように語った。

　　私たちの世代は学生運動の時に親世代を糾弾したでしょ。「なぜヒト

---

[25] 2005年1月31日の聞き取り調査の結果による。GBさんは、1950年にヴェントラントで生まれ。特定の団体には所属していないが、1977年の立地決定以来、集会や座り込みへの参加を通じて反対運動に参加している。

[26] 2005年2月4日にヤーメルン（Jameln）でおこなった聞き取り調査の結果による。HW氏は、1960年代後半の学生運動の時代を「極端な共産主義者」としてキャンパスで過ごし、組織には属さずにさまざまな活動に参加した。1982年にヴェントラントに移住した。ヴェントラントに移住するまでは平和運動に熱心だったものの、原子力に関する問題意識は希薄だったという。だが、2人の息子の誕生とチェルノブイリ原発事故を経て、原子力施設に対する危機感が強まり、BILDのメンバーとなった。

ラーの台頭を許したのか。なぜナチスに抗して何もしなかったのか」
と。そういった［親世代の糾弾をおこなった］私たちだからこそ、子ども
や孫の世代に問われたときに、きちんと答えられるようにしたいの。

　ここでGBさんが自らを「学生運動のときに親世代を糾弾した」世代と語
るのは、特殊ドイツ的なテーマのもとに展開された学生運動を念頭において
のことである。1960年代後半、アメリカやフランスを中心とする欧米諸国で
過激化した学生運動は、東欧、アジア、中南米にも波及し、当時の世界的な
現象となった。ただし、大学改革やヴェトナム反戦を中心的な論点としてい
た他の先進諸国の学生運動に対して、西ドイツで展開された学生運動は「ナ
チス時代の克服」を中心的な論点とした特殊ドイツ的な運動であった（井関
2005）。若者による異議申し立ては、大学やギムナジウム、街頭を舞台とし
て展開されただけではなく、個々の家庭内において親（主に父親）と子のあ
いだの「世代間闘争」として展開された。各家庭内で子が父親に投げかけた
のは、「あなたたちは、なぜ、ナチスの台頭を許してしまったのか。なぜ、
何も抵抗しなかったのか。なぜ、第三帝国を生み出した権威主義的なパーソ
ナリティを未だに保ち続けているのか」という糾弾の言葉であった（三島
1991：143）。

　「ヴェントラントから外へは一歩も外に出ずに育った」というGBさん自
身は、学生運動に参加した経験も家庭内で実際に父親を糾弾した経験もな
く、学生運動についてメディアを通じて間接的に知るのみであった。それに
もかかわらず、GBさんは「親世代を糾弾した世代」と自認する。学生運動
のなかでおこなわれた「親世代の糾弾」はそれほど厳しく、親世代に対し
て、さらには翻って学生運動世代自らに対して強いインパクトをもってい
た。

　40年以上を経て、かつての親世代と同じ年代を迎えた学生運動世代にとっ
て、「子どもたちからの問いかけ、糾弾」は、避けては通れない重大なテー
マとしてわが身に降りかかる。こうした背景のもと、抗議行動への参加理由

を語る際に、GB さんをはじめ第二世代に共通して特徴的であったのは、「われわれ世代の責任を果たし、後の世代に胸を張っていられる世代でありたい」という意識の表出であった[27]。

そのような意識をもつ彼らにとって、抗議行動は、キャスクの搬入を阻止するための手段という意味合いは小さい。むしろ、ナチスに抵抗しなかった親世代を批判した自分たちだからこそおこなっておかなければならない異議申し立てであり、「負けを覚悟」でおこなう抵抗なのである。

（4） 2011年以降の動きと異議申し立ての継続

2011年はゴアレーベンにとっても「一つの転換点」であった。メルケル政権は、脱原発の決定に加えて、放射性廃棄物最終処分場の立地点選定を白紙に戻すことを決定し、ドイツ国内で立地点を選定しなおすことについて連邦環境省と16州代表とが合意した（2011年12月）。その際に、それまで立地点の候補地として地下探査作業が進められていたゴアレーベンについては、あくまでも今後選定される立地点候補との比較対象という位置付けであり処分場立地点として決定したわけではないことが強調された[28]。これに対して、ニーダーザクセン州環境省は、ゴアレーベンは比較対象ですらなく2012年中に探査作業が終了されるべきであるという見解を示している（2012年7月[29]）。

2013年に入ると事態はさらに大きく動いた。連邦政府は各州政府および各政党とのあいだの交渉を経て、「高レベル放射性廃棄物最終処分場の探索と

---

27) GB さんや前掲の HW 氏を含めた16人の第二世代のうち14人が，インタビューの際に，「自らが『親世代』になりつつあり，『子ども世代』からの『突き上げ』を受ける可能性もあること」，「行動する世代」としての自負，「世代責任」の意識に言及した。

28) 連邦環境省ウェブページ（http://www.bmu.de）より。

29) ニーダーザクセン州環境省ウェブページ（http://www.umwelt.niedersachsen.de/）より。

選定のための法律（Gesetz zur Suche und Auswahl eines Standortes für ein Endlager für Wärme entwickelnde radioaktive Abfälle und zur Änderung anderer Gesetze）」案を策定し、同法案は2013年6月28日に連邦議会で可決、7月5日に連邦参議院で承認された。これによって、ゴアレーベンでの最終処分場調査の中止が正式に決定し、2031年までに再度、候補地が選定されることとなった。2013年中に立地選定のための「高レベル放射性廃棄物貯蔵検討委員会（Kommission Lagerung hoch radioaktiver Abfallstoffe）」を連邦議会内に設置すること（2015年末まで活動予定）と、2014年に新たな官庁「連邦核技術最終処分庁（Bundesamt für kerntechnische Entsorgung）」を設置することも、この法律に盛り込まれている。さらに、返還ガラス固化体（キャスク）については、2015年以降はゴアレーベンではなく複数の原発サイト内中間貯蔵施設に搬入することとなった。(2013年7月26日付「連邦政府法令公報（Bundesgesetzblatt Teil 1）」：2547-2549））

　こうした状況を受けてもなお、ゴアレーベンをめぐる抗議行動は続けられている。それは、ヴェントラントの人々が連邦政府の動きに懐疑的であり「油断はできない」と警戒しているのに加えて、「『あのとき抗っておけばよかった』と後になって後悔しない」ように「現時点でできる限りの異議を申し立てることが重要」と考えられているためである。

5. まとめにかえて——対抗的"合同生活圏"の今日的意義

　ここまで、ドイツの原子力施設反対運動の特徴を示したうえで、実際に立地点周辺で展開されてきた個別の抗議運動から人々の"抵抗の論理"を詳しくみてきた。
　マクロな視点でとらえれば、ドイツの原子力施設反対運動は、政治の舞台に代弁者を送り込むことと政治の舞台そのものを外側から刺激することの双方のアプローチによって効果的に展開されてきた。1970年代から1980年代に

かけて、原子力施設反対運動の中心は現場での"対決型"の抗議行動であったが、同時に彼らは自らの要求の代弁者を政治の舞台に送り込み、政策決定過程へと徐々に参入していった。

　1990年代以降も、環境をめぐる市民活動が活発に展開され、行政との協働も多く見られるようになった一方で、ゴアレーベンをはじめとして"対決型"の抗議運動が依然として動員力を保ち社会的なインパクトを保ち続けている。これは、ドイツの環境運動が、一方で議会内での目標達成を試みながら、他方ではあえて「議会外反対勢力（Außerparlamentarische Opposition、APO）」にとどまり続けていることの現れである。

　本稿で取り上げた事例のうち、1970年代に展開されたヴィール原発反対運動の時点では、連邦レベルでも州レベルでも、原子力施設への反対を代弁してくれる勢力が議会内に存在しなかった。そうした状況で「周辺」という立場から逃れ得ないことを自覚した人々は、地域的な（土着的な／地元に根差した）文脈をベースにした"抵抗の論理"を組み立てていった。すなわち、地域固有の抑圧の記憶や、抵抗の物語や、その地域にもたらされた第二次世界大戦の被害をベースにした"周縁"地域ならではのローカルな"抵抗の論理"である。

　こうしたローカルな"抵抗の論理"に加えて、ヴィールおよびゴアレーベンの事例にみられるように、ドイツには、ナショナルレベルで「過去の克服」という絶対的な価値観が存在し、ときとしてそれが「権力への強烈な疑念」に換言され運動の意味づけにもちいられてきた。すなわち、ドイツでは、ローカルレベルおよびナショナルレベルにおいて共有されてきた抵抗の記憶／物語が重層的に存在し、それらから重層的な"抵抗の論理"が形成され、対抗的"合同生活圏"のよりどころとされてきたのである。

　さらに、この"抵抗の論理"は、原子力反対運動を超えて受け継がれている。こんにち、脱原発が決定的となったドイツ社会では、再生可能エネルギーの導入に際して「脱中心化、分散化（Dezentralisierung）」がキーワードの一つとなっている。特に、「自分たちで使うエネルギーを自分たちの地域

でつくる」という、「エネルギーの地産地消」運動に取り組む人々のあいだで、脱中心化／分散化が運動の根拠として挙げられることが多い。たとえば、南部のバイエルン州で市民出資の小規模な再生可能エネルギー事業を始めた人々は次のように語り、連邦政府主導のエネルギー転換に疑問を呈する。

> ［南部の］わたしたちが使うエネルギーをわざわざ北海から運んでくるなんてばかばかしすぎる。［北海の洋上発電事業およびそれに付随する高圧電線網整備事業は］連邦政府が大手電力会社を優遇するためのものだ。それにつきあわされるのはおかしい[30]。

これは、連邦政府が進める北海での大規模な洋上風車プロジェクトを受けての発言である。エネルギーをめぐる「中央─地方」関係は、連邦政府主導であり大手電力会社に有利になっており、冒頭で述べたように、いまだ中央集権的で、分権化されるべきものと人々に認識されているのである。この中央集権的な関係性を切り崩そうとした先駆的な試みこそ、本稿で論じてきた原子力施設反対運動である。そこでもちいられたローカルレベルおよびナショナルレベルの"抵抗の論理"のありかた、すなわち地域の固有性を重視した"論理"の組み立てと権力への強い疑念は脱原発後のドイツ社会においても生き続け、そこにドイツにおける原子力施設反対運動と脱原発後との思想的連続性を見出すことができるのである。

さらに、「エネルギーの地産池消」をおこなう際にカギとなるのが、ローカルレベルで住民をいかに巻き込むことができるかであるが、脱中心化／分散化というフレーミングのみでは住民を運動に惹きつけることは難しい。脱中心化／分散化という普遍的かつ規範的な概念を地域固有の文脈に落としこみ、人々を運動に惹きつける具体的な誘因を提示することが必要となる。その意味で、本稿で明らかにしてきた原子力施設反対運動の土着的運動として

---

30) 2012年3月14日にシュヴァンドルフでおこなった聞き取り調査の結果による。

第Ⅱ部 「合同生活圏」

の側面や、ローカルレベルの"抵抗の論理"は、脱原発後の再生可能エネルギーをめぐる運動に一定の示唆を与えるものといえ、脱原発が決定的となった今なお、再評価されてしかるべきといえよう。

〔文　献〕

青木聡子、2013、『ドイツにおける原子力施設反対運動の展開――環境志向型社会へのイニシアティヴ』ミネルヴァ書房。

―――、2017、「エネルギー政策を転換するために――ドイツの脱原発と日本への示唆」長谷川公一・山本薫子編『シリーズ被災地から未来を考える１　原発震災と避難』有斐閣。

Gladitz, Nina Hrsg., 1976, *Liber aktiv als radioaktiv : Wyhler Bauern erzählen : Warum Kernkraftwerke schädlich sind. Wie man eine Bürgerinitiative macht und sich dabei verändert*, Berlin : Verlag Klaus Wagenbuch.

井関正久、2005、『ドイツを変えた68年運動』白水社。

Landkreis Lüchow-Dannenberg Hrsg., 1977, *Das Hannoversche Wendland*, Lüchow.

Löser, Georg, 2003, „Grenzüberschreitende Kooperation am Oberrhein : Die Badisch-Elsässischen Bürgerinitiativen", Landesarchivdirektion Baden-Württenberg (Hrsg.), *WERKHEFTE : DER STAATLICHEN AR-CHIVVERWALTUNG IN BADEN-WÜRTTENBERG*, Stuttgart : W. Kohlhammer Stuttgart.

三島憲一、1991、『戦後ドイツ――その知的歴史』岩波書店。

Nössler, Bernd und Margret de Witt, (Hrsg.), 1976, *Wyhl : kein Kernkraftwerk in Wyhl und auch sonst nirgends : Betroffene Bürger berichten*, Freiburg : inform-Verlag Freiburg.

Rucht, Dieter, 1980, *Von Wyhl nach Gorleben : Bürger gegen Atomprogramm und nukleare Entsorgung*, München : C.H.Beck.

―――, 1988, „Wyhl : Der Aufbruch der Anti-Atomkraftbewegung", in L. Ulrich, (Hrsg.), *Von der Bittschrift zur Platzbesetzung : Konfrikte um technische Großprojekte*, Bonn : J.H.W.Dietz.

―――, 1994, *Modernisierung und neue soziale Bewegungen : Deutschland, Frankreich und USA im Vergleich*, Frankurt a. M. : Camps.

若尾祐司、2012、「反核の論理と運動――ロベルト・ユンクのあゆみ」若尾祐司・本田宏編『反核から脱原発へ――ドイツとヨーロッパ諸国の選択』昭和堂。

見えない「戦闘地帯（Kampfzone）」
――都市の社会的弱者の静かなる排除

菅　豊

1. はじめに――協働的統治の隆盛

　ここ数十年の間、市民社会が成熟するにつれて、政策立案やその実施の過程に、市民の民主的な参加が促されるようになってきた。政府などの公共部門が政策立案や実施の権能を独占し、それらを「上から」主導する統治から、社会の多様なアクターが主体的に協力しながら、「水平的に」意思決定や合意形成に関与する「協働的統治（協治、collaborative governance）」へと、統治のあり方が少しずつ移行しているのである（井上 2004、Ansell and Gash 2008、Emerson, Nabatchi and Balogh 2012、Jos 2016）。この協働的統治には、政府・地方自治体といった行政機関や、関係する外郭団体などの公共部門を始めとして、専門家や研究者、民間企業やNGO/NPO、ボランティアの個人やグループなど、実に多様なアクターが関与している。それら多様なアクターが対等な関係でつながりネットワーク化して、協働的に公共の問題解決に向けて意思決定や利害調整を行い、その結果を実行、管理していく社

会運営のあり方が、協働的統治なのである（平川 2010：46-47）。

　協働的統治は、重層化した複雑な社会の諸問題を考えるにあたり、それに対応し社会を管理する主体の多様性や多元性を認め、その個々の能力や、それぞれの連携や協働を重視する統治のあり方を意味する。これまでの政府主導型の統治では、行政機関や議員などの権威的アクターしか、政策のプロセスに関与することができなかった。そのため、地域で生きる人びとの生活を顧みない、地域の人びとの意見を酌みとらない不適切な政策がなされたことも少なくないし、現在でもそのような政策がなされることも少なくない。それを克服するあり方として、より民意を反映しやすい理想的な統治スタイルとして、協働的統治が注目されているのである。

　その統治のスタイルは、環境保全をめぐる施策や運動のなかにもすでに流れ込んでいる（松下 2007：4）。現在、環境を保全したり、改善したりする現場では、主権者意識を高めた市民が主体的、自立的にその統治に参画する、民主的で協働的なプロセスが尊重されている。それは、行政機関だけではなく市民へも統治の権能を分与する状況に移り変わった点で、現代市民社会における統治の仕組みの「進歩」と見なすことができるだろう。

　本論の検討対象である日本の河川でも、かつては行政機関がその管理を独占し、市民たちを管理の場から排除していた。治水や利水の専門家の科学的意見を取り入れた河川政策では、その河川流域の住民たちの意見は、ほとんど汲み上げられることはなかった。ところが、近年、協働的統治の理念が広まることにより、河川管理のステークホルダーとして市民が認知され、尊重されるようになった。その結果、河川環境に関する施策の立案や決定のさまざま段階で、市民の意見が反映されるようになり、また河川環境の整備活動に、市民が直接参加できるようになったのである。行政機関と市民は敵対するのではなく、仲間として手と手を携えるようになった。

　しかし、現代社会で高く評価されているこの崇高な協働の理念の背景では、実は別の問題が生み出されている。開放的で民主的、協働的という統治理念は、いかにも素晴らしい。だが、実際の統治の場では、その理想は完全

見えない「戦闘地帯（Kampfzone）」

には実現されてはいない。いや、むしろ行政機関と市民との協働の輪が形成される背景で、その輪のなかから特定の一部の人びと——社会的弱者——を排除してしまうという、新たな状況が生み出されている。この問題が厄介なのは、以前より進歩したはずの統治の仕組みによって、そのような社会的弱者の存在と、その排除がいっそう見えにくくなっている、あるいは隠蔽されていることである。そして、さらに厄介なのは、かつて力がなかった市民が、行政機関と親和的になって力を保持することにより、気がつかないうちに弱者を排除する側に立ってしまったことである。

本論では、東京の隅田川で生起した弱者排除の問題を題材に、協働という崇高な理念の裏側において、社会的弱者がひっそりと表立たない形で静かに排除されている状況を明らかにする。さらに、罪悪感を抱かせることなく、その「静かなる排除」に市民を参加させてしまう仕掛けを、さまざまな社会的施策が創り出していることを明らかにする。

2. アジール（Asyl）としての隅田川

　東京東部の低地帯を貫流する隅田川は、全長23.5キロメートルの荒川水系の一級河川である。それは、東京の都市空間を構成する重要な要素であり、その都市文化を創り上げる上で重要な役割を果たしてきた。しかし、都市河川の多分に漏れず、近代以降の都市の発展とともに工場排水、生活排水によってその川は濁されてきた。高度な経済成長を遂げた1960〜70年代には水質汚染が急速に深刻化し、そこは一時、悪臭が立ちこめ、魚が住めない「死の川」と化したのである。また、川沿いには水害を防ぐための堤防が張り巡らされたが、これによって地域の人びとと隅田川とが分断されてしまった。高さ3〜4メートルの無機的なコンクリート壁が屹立し、川と陸とを遮断し、人と川の関係を断ち切った。その堤防は、形態から「カミソリ堤防」とも揶揄される。

第Ⅱ部　「合同生活圏」

　その後、隅田川の汚染を改善するべく、東京都は下水道などの排水処理施設を整備したり、川底のヘドロを浚渫したり、また排水の水質規制を強化したりするなど、川の浄化を積極的に推し進めた。さらに、地域住民と川とを遮断していた、カミソリ堤防の川側に遊歩道（テラス）を張り出したり、傾斜型のスーパー堤防へ改修したりするなど、水辺まで人びとが近づける工夫を行った。その努力の甲斐もあって、現在の隅田川は一定程度浄化が進み、東京都民の身近な空間として復活している。

　隅田川の水面には、昼には多くの観光客を乗せた遊覧船が、夜には夜景を愛でながら酒食を楽しむ屋形船が行き交っている。その河畔は公園として美しく整備され、近隣に住む人びとの憩いの場となっている。そこは「隅田川テラス」の愛称で親しまれ、その遊歩道はランニングやウォーキング、太極拳やラジオ体操などを日常の習慣とした健康的な市民で、早朝から賑わっている。家族が連れあって散歩し、小さな子どもが走り回る。また、日常の散歩で顔見知りになったのであろう、愛犬家と犬たちが所々で挨拶を交わし、立ち止まっては愛犬談義に興じている。

　柵で囲まれたドッグランもあって、可愛い犬たちはリードから放たれ走り回り、自由を満喫できる。河畔に設えられた花壇には、季節の美しい草花が植えられている。環境美化活動に協力する、意識が高い地域住民たちが、日々甲斐甲斐しく、それらの面倒を見ている。また、ある橋の下は、ボール遊びなどができる広場として有効利用されている。周りを囲んであるフェンスの外へ、ボールが飛び出さないように注意しなければいけないが、野球のキャッチボールやサッカーのパスの練習程度ならば問題はない。河畔には、ゴミがほとんど落ちておらず、たとえ落ちていたとしても、その河畔の担当個所を掃除道具のカートを引きながら巡回する清掃員たちによって、早々と片づけられる。また、市民ボランティアよる大清掃などもときおり行われている。

　現在の長閑な隅田川河畔は、ありきたりの言葉で表現するならば、まさに「都会のオアシス」。そこは、多くの市民がそのアメニティを享受できる公共

見えない「戦闘地帯（Kampfzone）」

空間であり、その快適な公共空間を維持するために公共部門は日々管理を怠らない。しかし、このように厳格に管理され、美しさや快適さを満喫できる状況になったのは、近年のことである。先に述べたように、かつての隅田川河畔は汚れていて、またいまと比べて混沌としていた。

写真1　市民の憩いの場・隅田川テラス

　東京は、18世紀初頭、すなわちまだ江戸と呼ばれていたころから、100万人もの人口を抱える世界最大規模の大都市に発展していた。そして隅田川河畔の空間は、江戸の人びとにとって文化的、社会的に特別な意味をもつ空間として構成されていた。

　日本において、信仰上、河川が霊魂の行き交う此の世とあの世の境界として認識され、また人間と神が住む世界を隔てる境界として認識されてきたことが明らかにされている（北見 1981、野本 1999）。この隅田川もまた、観念的な世界を隔てる境界として存在しており、人びとの生きる日常世界から見れば、そこは非日常世界、あるいは異界に近い、日常世界の周縁部であった。そしてそこは光と闇、死と生、富と貧困などが混在する両義的空間であり、人びとを惹きつける魅力的な空間ではあるものの、一方で猥雑で剣呑な空間でもあった。

　隅田川の河畔は、遊興の場として江戸の人びとに親しまれてきたが、そこで古くから栄えた代表的な歓楽街が、浅草である。この街には、古くに隅田川から引き揚げられたという伝説をもつ仏像を祀る浅草寺がある。その宗教施設に集まる多くの参拝客を相手にする歓楽街が形成され、いまでは東京随一の観光地となり、国内外の観光客で賑わっている。

第Ⅱ部　「合同生活圏」

　浅草付近の隅田川沿いは、祝祭空間でもある。春には桜が咲き乱れ、多くの花見客で賑わう。夏には大規模な花火大会が開催され、江戸時代から夏の風物詩となっている。ただ、現在の華やかな花火大会からは、うかがい知ることができないのだが、それは本来、18世紀初頭の江戸のコレラ大流行で事切れた死者を弔う鎮魂のために、隅田川沿いの両国で開始された行事である。その煌びやかな花火の光の陰に、病、そして死という闇の歴史が横たわっていることを、いまの見物客は誰も知らない。

　隅田川河畔はまた、相撲の興行の発祥地でもある。相撲は現在、両国国技館で東京での興行が行われている。この相撲興行は、元々、同じく両国にある回向院という寺院の境内で18世紀中頃に開始された。そして、人びとは長らくこの仏寺の敷地内にある仮設の小屋のなかで相撲を楽しみ、興奮し続けてきた。しかし、人びとが相撲に熱狂したその場所は、1657年の明暦の大火によって亡くなった11万人近くの人びとの遺体が埋葬された場所であった。回向院は、その死者の霊の鎮魂のために建てられた宗教施設である。

　慈悲を旨とする回向院には、その後も隅田川での水死者や路傍で行き倒れた放浪者などの無縁の死体も埋葬され、また人間に限らず、猫や犬、小鳥などの供養塔が立ち並び、動物の鎮魂も行われてきた。そこもまた、相撲という見世物に興じる華やかな場であるとともに、死者を弔う厳かな場でもあった。

　浅草の北側に目を向けると、そこは通称吉原と呼ばれる一帯である。吉原には、江戸時代には日本最大級の遊郭があり、数千人もの遊女がたむろっていた。そこは艶やかな着物に身を纏った美しい高級遊女たちが歌舞音曲を奏で、酌婦として接待する妖美な世界で、権力者や富裕層、文化人も集まる社交場であった。しかし大半の遊女たちは、男たちに春をひさぐ娼婦であった。彼女たちは吉原で劣悪な環境のもと酷使され、死後、身寄りのない場合、近在の寺院に投げ捨てられた。吉原一帯は、売春が法的に禁止されて以降も、性風俗産業の店舗が存在する地域として、あり続けている。

　さらに19世紀の浅草には、当時人気を博していた芝居小屋が、権力者に

よって風紀を取り締まる目的で移転させられた。役者たちも移住し、そこだけで興行が公認された。江戸時代において芸能が卑賤視されていたため、役者は「河原者」などとも呼ばれ、ゆえなき差別に苛まれていた。

さらに差別の面でいえば、近世において関東を中心とする地域の被差別民を統括し、支配する頭目であった浅草弾左衛門家も、この隅田川沿いの浅草を本拠地としていたのである（塩見 2008a、2008b、2015）。

このように現在、人びとに親しまれ、観光地ともなっている隅田川の河畔は、古くから相撲や歌舞伎、花火や花見などの享楽を満喫することができる遊興空間、祝祭空間であった。それとともに、寺院が多く集まる宗教的な聖地でもあった。そこを取り巻く歓楽街の賑わいは、隅田川河畔の明るい表の顔である。一方、その河畔空間はこのような表面的な華やかさと対照的な顔ももつ。

かつて隅田川の河畔には、多くの無縁の死者が埋葬され、そこは鎮魂の場となっていた。そして、社会的に否定される行為が容認された空間であった。そこは都市空間の隙間（niche）であり、貧困に苦しむ人びとや、いわれなき差別に苛まれる人びと、また住む家を持たず当て所もなくさまよう人びとなどの社会的弱者、あるいはマイノリティが集まる場所でもあった。河畔は一種のアジールであり、社会的弱者が追い込まれるとともに、逃げ込むことができた「避難所」であり、社会的弱者が相対的に――あくまで相対的に――自由に生きることができる空間だったのである。日本の都市河川の畔は、都市の中心部と異なって、統治権力や法律・制度などの支配がおよびにくい空間であった（網野 1978：155）。

かつての隅田川は、政治的にも経済的にも社会的にも排除性（excludability[1]）が低いアジールであった。そこは誰がいても良い空間だったのであ

---

[1] 排除性という概念は、「財（goods）」を分類する重要な一つの指標で、経済学や資源管理論の分野で頻繁に言及されてきた（Hess and Ostrom 2003など）。排除性とは、その財の利用や管理に関して正統性をもつステークホルダー以外の者が、その財を利用したりアクセスしたりすることを制限する能力である。排除性が高い財の

る。ところが、現在、そこは排除性が高い空間に変容しつつある。

3. 排除されるホームレス

　浅草の北隣、隅田川西岸の通称山谷と呼ばれる一帯は、簡易宿泊所が集まる「ドヤ街」である。そこには第二次世界大戦以前から、貧困層の人びとが集まっていたが、終戦後の復興期や1960〜70年代の高度経済成長期には、肉体労働に従事する日雇い労働者が集まった。山谷は、仕事を求める日雇い労働者と、その労働力を求める手配師（斡旋業者）が集まる労働者の市場でもあった。そこは、地方からの季節労働者が出稼ぎに来る場であるとともに、生まれ育った故郷に何らかの理由でいられなくなった人びとや、社会のしがらみから逃れたい人びとなどが避難してくる場所でもあった（風樹 2013）。そこもまた、一種のアジールだったのである。

　全国各地から集まった人びとは住居がないため、必要最低限の荷物を持って山谷の狭隘な安宿に泊まりながら、日銭を稼ぐ不安定な生活を送っていた。仕事を求める労働者たちのなかには、仕事を紹介する悪質な手配師たちに搾取されるものもいた。病気や怪我のため身体を壊した労働者は、過酷な日雇い労働に従事することができず、簡易宿所の宿代を支払うことができな

　　　場合、それを利用する正統性をもたず、また財の維持や管理に責任を負わないフリーライダーを、その利用から閉め出すことが容易となり、財の管理能力を高めることができる。一方で排除性が低い財の場合、フリーライダーを排除できなくなり、野放図な過剰利用を生み出し、財の持続的管理に支障をきたしやすいと考えられている。すなわち価値ある財の維持や管理を遂行するには、排除性が高ければ高いほど好都合であるということになる。しかしそれは逆にいえば、排除性が高ければ高いほど、その財の利用が制約的、すなわち不自由になるということである。つまり、財を利用することができるメンバーをはっきりと制限すればそのメンバーに含まれない人びとはその利用から排除されるのである。

見えない「戦闘地帯（Kampfzone）」

くなる。そういうときは、安宿から追い出され、一部が路上生活者、いわゆるホームレスと化したのである[2]。

いまは綺麗な公園と化した隅田川河畔であるが、実は十数年前までは、多くのホームレスがそこに「家」を造って暮らしていた。ホームレスは、街で拾った段ボールや廃材で箱状の小屋を作っていた。その小屋は決まったように、ポリエチレン製の「ブルーシート」で覆われていたため「青い箱」に見える。このシートは、雨水の染み込みや隙間風の侵入を防いでくれる。ただ、防水性に優れたシートで覆われているとはいえ、その性能には限界があるため、できるだけ風雨を避けやすい場所に、その小屋は建てられる。たとえば、大きな屋根代わりになってくれる高速道路の高架や橋梁の下などは、小屋の最適な立地条件だといえる。当然、そういうところには、多くのホームレスたちが集まってきていた。かつて小さな「青い箱」が、隅田川沿いの首都高速道路の高架下にずらりと一列に並んでいた。ところが現在では、小屋と住人たちはその数を減らし、一部地域にはまだ散在するものの、隅田川の大部分の河畔は長閑で美しい公園となったのである。

厚生労働省の「ホームレスの実態に関する全国調査結果[3]」によると、東京都では、2007年には4690人のホームレスが確認されていたが、2016年には1473人までに減少している。ホームレスが住み着いた場所は、道路や公園などと比べて河川周辺が最も多く、ホームレス全体の30％あまりが河川周辺に住み着いていた。この河川に住むホームレスも、全体数の減少に比例して大きく減少している。

ホームレスの数が大きく減少した最大の要因としては、ホームレスを支援

---

[2] 厚生労働省が実施した、2012年のホームレスの実態に関する全国調査によると、ホームレスのなかで、山谷での就業、求職経験があるものは37％に上っている。（http://www.mhlw.go.jp/stf/houdou/2r9852000002rdwu-att/2r9852000002re1x.pdf accessed on 2016.8.4）

[3] 2016年度ホームレスの実態に関する全国調査結果について（http://www.mhlw.go.jp/stf/houdou/0000122778.html accessed on 2016.8.4）

第Ⅱ部　「合同生活圏」

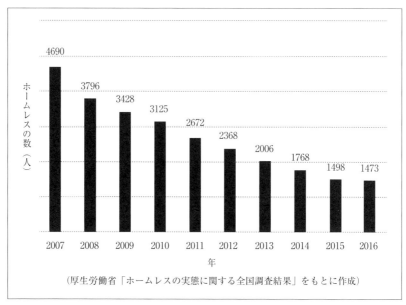

表1　東京都のホームレス数の推移

する社会福祉事業の実施が挙げられる。これまでになかった、ホームレスのための大がかりな公的支援が、功を奏したのである。

　2002年、「ホームレスの自立の支援等に関する特別措置法」が国によって施行された。それは、ホームレスと地域社会とのあつれきが生じている現状にかんがみ、ホームレスの自立の支援に関し、ホームレスの人権に配慮し、かつ、地域社会の理解と協力を得つつ、必要な施策を講じ問題解決するための法律である。その法律には、宿泊場所の一時的な提供、公営住宅への入居斡旋、日常生活に必要な物品の支給、就業機会の確保、健康診断や医療の提供など多岐にわたる対策が盛り込まれた。この法律に基づき東京都は、ホームレスを一時的に保護し、就労による自立と早期の社会復帰に向けた支援を行う「自立支援センター」や「緊急一時保護センター」からなる「自立支援システム」の体系化を推進したのである（北川 2012）。

　このような支援により、多くのホームレスたちが隅田川の河畔から離れて

いった。行政によって行われた、目に見える社会福祉事業が功を奏し、それがホームレス減少に寄与したことは間違いない。それは「成功」した。

　ただし、そのような「人道的」な社会的弱者の救済策、支援策だけで、ホームレスが「自発的」に、そして「平和的」に隅田川河畔から立ち退いたと考えるのは早計である。実はそのような、弱者のための善意に溢れる公共政策の裏側では、強者、すなわち公共部門や、それと協働する市民たちが弱者を河畔から追い出す、あるいは弱者たちが河畔に入って来られないようにするための巧妙、かつ隠微な仕掛けを構築していたのである。ただしそれは不可視、あるいは見えづらい仕掛けであり、暴力性を帯びてはいるものの、あからさまで騒々しい暴力ではない。その暴力は静かに振るわれてきた。その仕掛けの不可視性と暴力の静粛性によって、美しい河畔が静かな「戦闘地帯（Kampfzone）」（Kaschuba 2014）へと化していることに、多くの市民は気がつかないでいる。

4. 監視員としてのベンチ

　美しい河畔、心地よい河畔——そこを良く見れば、そこに差別と排除の思想が漂っていることに気がつかされるであろう。その差別と排除の思想は、河畔が美しくなる過程でそこに充満してきた。しかし、一般の市民は、河畔にそのような差別と排除の思想が充満していることを、意識することはほとんどない。そして、自分たちがいつの間にかその思想に浸潤されていること、さらにときに差別や排除に加担していることを、ほとんどの市民は意識していない。

　市民の憩いの場となった美しい河畔には、快適性を高めるさまざまなモノが配置されている。水辺を散策する家族が休みを取り、また愛を語らう恋人たちが腰を下ろすベンチ。色とりどりの麗しい季節の花や緑を湛える草木。そして、人びとの目を楽しませる近代アートやオブジェ。いずれも、公園化

した河畔には欠かせないアイテムである。しかし、そのロマンティックで柔和な顔をもつモノたちは、実は冷酷で無慈悲なもう一つの顔をもつ。

　たとえば、河畔にある白い木製のベンチ。それは、思いを寄せる人へ胸中を明かしたり、甘い言葉を囁いたりするのに、まさにあつらえ向きのロマンティックな器具である。しかしそのベンチを良く見ると、それは機能的にも、意匠的にも不自然な形をしている。ベンチの平たい座面には、なぜか木の角柱が釘で打ち付けられている。それは座面から突き出ているから、その部分に腰掛けることはできないし、がんばって腰掛けたとしても落ち着かないどころか、すぐに臀部に痛みが走ることであろう。その木片は、隣り合って座る者を遮る仕切りとなっているが、もちろん、それは恋人たちの抱擁を邪魔しようとして打ち付けられたのではない。座面を突起させる狙いは、別のところにある。その狙いは至って簡単で、そこに横たわることを邪魔するために、その突起物は付けられている。そして、その横たわる主体として、ホームレスが想定されていることは、もちろんである。

　一般市民が、昼寝のためにベンチに横たわろうと、また日焼けのために横たわろうと、それが一時的なものである限り、咎められることはない。それにことさら目くじらを立てる人は、ほとんどいないであろう。ほんのつかの間、誰かがそれを使用しているが、時間がたてば使用していた人は立ち去り、また別の人がそれを使うことができる。ベンチに角柱を打ち付けた人びとが恐れているのは、そこに長期にわたって居座り、それを心地よいベッドとして使う人びとが登場することである。彼／彼女らがそこを占有し、ベンチをベッドへと変え、段ボールで壁と屋根を取り付け、青いベールですっぽりと覆ってしまうことを危惧しているのである。

　このベンチは、元々そこにいたホームレスを排除したり、あるいは、これから来るかもしれないホームレスたちを食い止めたりする装置として機能している。このようなベンチは、「排除系ベンチ」（五十嵐 2004：64）と呼ばれ、すでに社会問題としてとらえられている。この排除系ベンチには、さまざまな種類があり、規格化された製品もあるようで、最初から排除の機能を

見えない「戦闘地帯（Kampfzone）」

意識してデザインされた純正の排除系ベンチも製造されている。それは、長さや手すり状の突起物の位置を、設置場所に応じて自在に調節できるようになっている。

ただしこのような、生まれながらにして人間を排除する機能と使命をも

写真2　排除系ベンチ

たされたベンチはいまでは頻繁に見かけるが、元々は少なかった。そこで見られた排除系ベンチは、最初は普通のベンチだった。だが設置された後しばらくして、普通のベンチに突起物が付け加えられ、哀れなる奇形のベンチへと改造されたのである。木片を釘で打ち付けて段差を付けるという手法以外にも、元から肘掛けがあるように擬装する手法や、あん馬競技の台に付いた把手のような突起物を後付けする手法などが駆使されている。

この排除系ベンチは、人間の身体に痛みや不快感という感覚で直接訴えかける物理的な機能をもち、その任務に忠実に従ってホームレスの強制排除に携わっている。それは任務に忠実すぎるがゆえに、ホームレスばかりではなく、普通の市民たちがこのベンチによって本来享受できるはずの、自由に寝転がる行動までも制約している。しかし、市民たちは、その自由が制約されていることに気づかないか、あるいは気がついてもホームレス排除という大義に内心で賛同して、その自由を放棄しているのである。

この排除系ベンチは、イギリスの哲学者ジェレミ・ベンサム（Jeremy Bentham）が構想した刑務所、すなわち、かの有名なパノプティコンと極めて似た力を発揮する。ミシェル・フーコー（Michel Foucault）によって、社会の管理や統制の比喩として用いられて以来、監視社会論において必ずといって良いほど言及されるこの監視システムは、周囲に円環状の独房を配し、中

央に外からは内側をうかがい知れない監視塔を配している。それは、看守側からは囚人の姿が逆光で捉えられるが、囚人側から看守は見えない仕組みになっている。すなわちその仕組みは、閉じ込められている者に、可視性に関する自覚状態を植え付け、権力を自動的に作動させるのである。囚人は自分が監視されていることを知っているが、現実に監視される必要はない。監視塔のなかに看守がいなくとも囚人はそのなかに看守の存在を想像し、看守の視線を常に感じることになる。そうすれば、囚人たちは見張られていることが身体に内面化し、規律に服従し、自動的に掌握されるのである（フーコー 1977）。

　排除系ベンチにも、このパノプティコンと類似した、権力を自動化する機能が備わっている。排除系ベンチは、普通の市民にとっては少し奇妙な形をしたベンチでしかない。横たわることはできなくとも、そこに近づき座ることに、遠慮するといった心の動きは引き起こされないだろう。しかし、ホームレスたちにとっては別である。彼／彼女らは、自分たちを排除する目的で生み出され、造形されたこの奇形のベンチの姿を目にしたときに、それに不快感を覚え、それに近づくことをためらうであろう。排除系ベンチが発する「ここに寝るな！」「ここから出ていけ！」という声が、ホームレスたちには聞こえて来るのである。そして、そこに横たわって背中に痛みを感じなくとも、心に痛みを感じるのである。

　隅田川河畔では、東京都から年間約5000万円[4]で警備業務を委託された警備会社の監視員が24時間巡回している。制服に身を包み、二人一組で巡回する彼らは、ホームレスに限らず、隅田川河畔を野放図に使用する人びとに目を光らせている。このような監視員に、日頃、監視されていることをホームレスたちは当然知っている。しかし、この監視員がいなくとも、排除系ベンチたちはホームレスたちへと、刺々しい監視の視線を投げ掛けている。結

4）　隅田川テラス警備費用平成23年東京都落札結果（http://www.bilshinbun.com/raku/raku23.html accessed on 2016. 5. 25）

果、排除系ベンチで満たされた河畔は、ホームレスにとって居心地が悪い場所になっていく。ベンチは、単なる座るための道具ではなく、ホームレスを監視し、排除する装置であり、川縁を歩く監視員とまったく同じエージェンシー（行為主体性）を保持していると考えるべきであろう。

5. 河畔に溢れる排除装置

　このような視点から展望すると、河畔の環境を快適にするはずの数々のモノや設備が協働して、ホームレスの排除に寄与していることが理解されるだろう。たとえば河畔の所々に、東屋が建てられている。それは本来ならば、雨を避けたり、強い日差しを避けたりするのに役に立つ建物である。しかし隅田川河畔には、少なからず屋根が葺かれていない骨組みだけの東屋を発見することができる。それは屋根が壊れたのではなく、最初から屋根が葺かれていない「骨だけの東屋」である。一見、屋根が付いているように見える東屋でも実は垂木だけで、屋根がない。また、屋根が撤去された痕跡の残る東屋までも見つけることができる。それらは、ホームレスのみならず、市民も雨から守ってはくれない。屋根がない奇形の家からは、本来、建造物が備えるべき最も基本的で、本質的な機能が意図的に剥奪されている。あまりにも無情な前衛建築である。雨から人間を守ることを拒否したこの家は、人間が横たわることを拒否したベンチと同じく、ホームレスに排除のメッセージを伝え、さらにそれらを監視する任務を忠実にこなすのである。

　さらに、パブリック・アート。高速道路下などには、日本庭園の枯山水を彷彿とさせる小さな岩がはめ込まれている。ただし、その岩はそのような風趣に富んだ工作物ではない。また、そこは子どもたちにとって、岩から岩へと飛び回る格好の遊び場となっている。しかし、その岩は、子どもたちを楽しませるために配置されたのではない。ホームレスが、小屋を建てられないように、その空いた空間を尖った岩で埋め尽くしただけである。パブリッ

第Ⅱ部　「合同生活圏」

ク・アートが、排除の道具として利用されることは、とくにこの隅田川河畔に限られたことではない。世界各国の都市部で見られる、ホームレス排除の常套手段である。

　このパブリック・アートに類するものに、河畔を彩る花壇を挙げることができる。両者とも、表面に現れる美しさと、その裏面に隠された残酷さとの隔たりが大きい点で共通している。綺麗な花々が植えられるコンクリート製の花壇は、ホームレスが青色の箱を並べることを物理的に阻むために設置された。その花々も、ホームレスを排除するための装置なのである…。

　このようにいうと牽強付会、あまりにも深読みすぎる、あるいは疑心暗鬼にすぎるとの批判を受けるかもしれない。また、河畔の植物はその環境美化に貢献し、人びとの目を休ませているだけだ、という反論もあるかもしれない。たしかに、ほとんどの花壇はそのような河畔の環境美化を目的に配置されているのであろう。しかし、そのような美しい花壇に混じって不自然に配置された花壇からは、それに込められた特別な意図が感じ取られる。

　たとえば、隅田川大橋という大きな橋がある。その真下には、数十もの花壇が置かれている。そして、橋の下を通るテラスの半分近くを占拠している。しかしなぜかその橋下からずれた上流側と下流側には花壇がほとんどない。すなわち頭上に遮るものがある場所には、花壇が集中的に置かれているのである。本来、植物への水やりの利便を考えれば、雨水などを利用できる場所、日当たりの良い場所、すなわち上部に遮るものがない場所の方が、花を育てる場所として合理的なはずだ。橋の下の花壇の植物には、誰かが頻繁に水やりをしなければならない。そんな手間のかかる場所に、敢えて花壇は設置された。日当たりの悪い橋の下に不自然に偏っている配置から、やはりパブリック・アートと同様の排除の臭いを嗅ぎ取ることができるのである。

　隅田川大橋は上に高速道路、下に一般道路が走る二層式になっているため、隅田川に架かる他の橋に比べて大型である。すでに述べたように、大きな屋根代わりになってくれる高速道路の高架や橋梁の下などは、ホームレスたちの格好の住み処となる。その橋は大きいため、その下の空間もまた広

い。まさに「青い箱」が並ぶのに最適地である。そのため花壇を配置して、「青い箱」が立ち並ぶのを阻止していると考えられるのである。

さらにホームレスにとってはその花壇以上に、そのなかの花々を日常的に眺め、世話をする善良な市民が、よりいっそう気兼ねさせられる存在である。花壇自体は、河川管理を行う東京都の建設事務所[5]などの行政機関が市民に提供したものである。その花壇は、3列縦隊となって橋の下をホームレスの侵入から「守って」いる。その隊列の間隔は2メートル弱あり、無理をして「青い箱」を置こうとすれば、置けないことはない。しかし、その花壇の隊列を日々管理し、花々の世話を焼く市民がそこへ頻繁に訪れてくるのであるから、そのそばに「青い箱」を置くことは躊躇されるであろう。悪くすれば、建設事務所に通報すらされかねないから、ホームレスは、花壇には近づかない方が無難である。

ホームレスの小屋建設を単純に阻止するのならば、橋の下をフェンスで取り囲むのが手っ取り早いのかもしれない。たしかに、隅田川に架かるほとんどの小規模橋の下は、立ち入りできないようにフェンスで囲われている。そして、それらフェンスの内側は、動物園の空っぽの檻のようになっている。数は少ないが、橋の下のフェンスのなかを、ボール遊びの場所として有効活用して、柵が排除装置であることを糊塗している例もある。しかし、低コストで確実に立ち入りを拒むことができるこの「優れた」排除装置は、隅田川大橋の下にはあまりそぐわない。その橋の下は他の橋の下に比べ高度が高く、面積も広いため、フェンスで囲むと、そこに巨大な「檻」が出現してしまうことになる。排除の色があまりにも鮮明となりすぎ、露骨すぎる。その点、花壇は間接的に優しく排除することができ、市民が憩う場所に違和感なく受け容れられる。

---

[5] 東京都の管理河川は、東京都建設局の三つの建設事務所が所管している。第一建設事務所が両国橋より下流の右岸、第六建設事務所が両国橋より上流の右岸と足立区、北区内、第五建設事務所が、足立区との境界から相生橋下流までの左岸を管理している。

第Ⅱ部　「合同生活圏」

　フェンスは、空間をはっきりと区切り、立ち入りを断固阻むという目的のために生み出された純粋な分断・排除装置である。フェンスは侵入者を防ぐのに効果的だが、しかし、それは期待された効果以上の効果を、発揮してしまう。フェンスは分断、そして排除の装置や場として、視覚的にはっきりと人びとに意識される。そのため、それが配置された場は、そこで生起している分断や排除という問題を、社会に曝け出すのに有効な場所となる。そこでは、分断や排除の能力を行使する側と、行使される側の関係性が炙り出されやすい。結果、フェンス周辺部は、抵抗の社会運動の場として頻繁に象徴化され、脚光を浴びてきた。

　冷戦終結時に、東西ドイツ分断の象徴であったベルリンの壁に、歓喜するベルリン市民がよじ登ってハンマーやツルハシでそれを打ち砕いた映像は、瞬く間に世界中に広がり、市民の熱いメッセージを世界中に伝達した。それと同じく、分断と排除の象徴となるフェンスの周りは、物議を醸す問題を露呈させる「戦闘地帯」となりやすい。

　日本ではいま、原子力発電所や米軍基地設置の反対運動において、フェンス周辺が象徴的な抵抗の場に昇華している。2017年時点で、日本の基地問題で最も物議を醸している沖縄県辺野古地区のキャンプ・シュワブ（Camp Schwab）。そこでは、飛行場移転に関して大きな反対運動が起こっている。日本政府は機動隊などを使って、反対する沖縄の人びとや運動家たちを排除することに躍起となっているが、その両勢力がぶつかり合うのが、基地のフェンス前である。そこはデモ隊と、それを排除しようとする警察の怒号が渦巻く生身の戦闘地帯と化している。しかしその場では、そのような騒がしい直接的闘争だけが展開されているのではなく、文化的に広がりをもつ、さらに象徴的で柔軟な闘争も繰り広げられている。

　辺野古の浜辺で基地の内と外を遮るフェンスには、「基地は要らない！」「沖縄に平和を返せ！」といった抵抗の言葉や、反対運動の支援者からの励ましの言葉が綴られた横断幕が張られている。注目されやすいフェンスは、抵抗の言葉を米軍のみならず、社会に向けて伝えるメッセージボードとして

見えない「戦闘地帯 (Kampfzone)」

機能するのである。

　さらに、「NO BASE」と書かれた色とりどりのリボンが、フェンスの網に巻き付けられ、風にはためく。そのリボンを、辺野古の海に棲むというジュゴンの形に並べ、その生息環境の破壊を止めるように訴えかける。そこは、そのようなメッ

写真3　辺野古の米軍基地に張られた横断幕
（金城達也氏提供）

セージ性のある抵抗のアートが展示されるギャラリーともなっている。そしてフェンスの前では、地元・沖縄の反対住民が集まって、伝統文化である琉球民謡を三線で奏で、琉球舞踊を舞い、静かに抵抗の意志を示している。そこは、抵抗の芸能が演じられる舞台でもある。

　さらにフェンスは、儀礼の場としても利用可能である。沖縄の人びとは、フェンスの網に数多くのススキの葉を結び付けたこともある[6]。これは、沖縄で「サン」と呼ばれる伝統的な魔除けの呪具である。沖縄では、事故や病気などの不幸をもたらす悪霊を寄せ付けないようにするために、家の入り口などにそれを取り付ける習俗がある。それを付けることにより悪霊ばかりでなく、盗人などの悪い人間の侵入を防いだり、所有を示したりすることもできるとされる。その魔除けを、米軍基地のフェンスに付けることにより、これまで数多くのレイプや殺人などの犯罪を引き起こしてきた米兵という「魔物」を寄せ付けないようにしている。またそれによって、その基地がある場

---

6) チョイさんの沖縄日記
　　http://blog.goo.ne.jp/chuy/e/13c2ef681352170d61cdb8cd519e8710 accessed on 2017.6.14)

所が、自分たち沖縄人のものであるということの主張がなされている[7]。

　本来、分断、そして排除するために設置されたフェンスは、ひとたび象徴化されると、排除に抵抗する側の味方になってしまう可能性がある。そして、排除装置を設置した者の思惑に反して、ときに抵抗のエージェント（行為主体）として、分断と排除に抵抗する人びとと一緒に共闘し始める。そのような可能性——排除する側にとっては危険性——があるフェンスを使用するやり方は、現代市民社会においてあまり利口だとは思えない。排除することや、分断することを正直に包み隠さず全身で体現する装置は、市民が闊歩する、美しく平和に装われた河畔にはふさわしくない。それには排除の意図が見えすぎる。その点、パブリック・アートや美しい花を育む花壇は、そのような排除の意図を環境美化という高邁な目的に隠匿することができる。そして、静かに「見えないフェンス」となって、ホームレスの河畔への侵入を遮断できるのである。

6. 表の非情と裏の有情

　このような花壇や突起物の着いたベンチ、屋根のない東屋たちは、環境美化や市民のアメニティといった直接の第一義的な設置目的に、ホームレス排除という副次的目的を潜ませることによって、間接的にホームレスを追い出している。隅田川では、このような間接的追い出しばかりではなく、もっと直接的な追い出しも執り行われている。

　隅田川河畔で、東京都によって定期的に行われる「特別清掃」。それは

---

[7]　このような抵抗運動におけるフェンスの象徴化は、日本だけに特有なことではない。ドイツ・シュトゥットガルトの鉄道の再開発プロジェクト Stuttgart 21 をめぐる反対運動で、駅前に張り巡らされたフェンスに反対の意思を示す創意工夫をこらしたデコレーションが数多く飾り付けられ、通行人にメッセージを投げ掛けたことは、つとに有名である。

見えない「戦闘地帯（Kampfzone）」

「清掃」と銘打ってはいるが、その目的はホームレスを追い出すことにある。東京都建設局第五建設事務所のホームページには、特別清掃を行うことの意義が、次のように堂々と謳われている。

「隅田川テラスにおける路上生活者対策
　当事務所では、平成 6 年から、隅田川テラス及び管理用通路の路上生活者対策として、特別清掃を実施しています。
　下流部（竪川（たてがわ）〜桜橋　約3.5キロメートル）は年10回、上流部（白鬚橋〜綾瀬橋　約1.5キロメートル）は年 6 回、路上生活者に対し期限を付けて仮小屋等撤去の警告を行い、期限経過後、残された仮小屋等を撤去し、ごみ等の清掃を行います。
　また平成16年度末から19年度末まで隅田川テラスに、都区共同事業により路上生活者地域生活移行支援事業（３千円アパート）を導入した結果、多数仮小屋が減少しました。
　その後も墨田区保護課と協同で路上生活者の就労自立のための自立支援センターへの入所案内や生活保護等にある自立支援を行っています（傍点引用者）[8]」

この「路上生活者対策として、特別清掃を実施」するという表現に、違和感を抱くのは筆者だけであろうか。もちろん、それは「ごみ等」を清掃するのだから、間違いではない。しかし、「路上生活者対策」と題されたこの文章から読み解けば、この「特別」な「清掃」はまさに特別であり、その目的が、ホームレスたちの「仮小屋」を撤去することにあることは明らかである。さらに、それと連動して、ホームレスたちを河畔から排除することを目的としていることも、また明白である。それによって、ホームレスたちもゴ

---

[8]　東京都建設局第五建設事務所
　　http://www.kensetsu.metro.tokyo.jp/jimusho/goken/doro-kasen/kasen-jimu/rojouseikatusya/rojouseikatusya.html accessed on 2017. 6. 14）

第Ⅱ部 「合同生活圏」

ミと同じように「清掃」されている。

　文章中には、ホームレスを追い出した後の受け皿について、適切に配慮していることが付け加えられている。単なる排除ではなく人道に配慮したホームレス支援であることが、表明されている。しかし、なぜここで「路上生活者の隅田川テラスからの排除」と正直に表現せずに、特別清掃と銘打つのだろうか。ホームレスの強制排除を、なぜ清掃と表現し直すのか。「清掃」と表現することによって、清掃するモノとしてホームレスを物象化してしまうことに、なぜ気がつかないのであろうか。この「特別清掃」という言葉は、「ホームレス排除」を意味する行政側の隠語と化しているのである。

　一方、「特別清掃」は、ホームレス側では「カリコミ（狩り込み、刈り込み）」という隠語で呼ばれている。カリコミとは、『日本国語大辞典』によれば「警察当局による浮浪者、売春婦などの一斉検挙」であり、江戸時代には「町奉行が同心に命じて非人頭の手代らに乞食、無宿者、野非人らを逮捕させること」であった。第二次世界大戦後には、東京大空襲の廃墟に取り残された戦争孤児たちを「保護」という名目で収容していたが、これもカリコミと呼ばれていた。

　隅田川河畔のホームレスたちの家をフィールドワークした建築家・坂口恭平は、2006年頃にカリコミに出くわした。その光景を次のように描いている。

　「（カリコミの：引用者注）1週間前になると、それぞれの家に一時撤去を知らせる紙が貼られる。その1週間後には隅田川沿いに住んでいる人全員が午前10時ごろから始まる点検までに、家を解体し、何もない状態にしておかないといけない。そして国交省[9]と清掃会社の人間が十数人

9） 坂口の著作（坂口 2011）では、隅田川の河川管理の主体が「国交省」のように記述されている。一級河川は、通常、国土交通大臣が河川管理者で、国が直接管理するが、隅田川の場合、東京都知事に委託された「指定区間」のため、その河川管理者は東京都知事であり、注5に記した都の建設事務所が管理にあたっている。

見えない「戦闘地帯（Kampfzone）」

で一斉に掃除をして回る。その時に撤去されていない家があったら、それはゴミと見なされ撤去されるということになっている。掃除が終わると、住人たちはすぐ、また同じ場所にきちんと０円ハウス（仮小屋：引用者注）を建て直していく……

　一時撤去はかなりの重労働である。月に１度、大掃除と引っ越しをしているようなものである。これは50歳半ば以上の路上生活者にとっては、かなり大きな負担になっているようだ。実際に、この一時撤去がきついために、東京都が格安で貸してくれるアパートに移っていく人が増えた。そのため現在では隅田川沿いの０円ハウスは全盛期より大分減っている……

　この東京都が貸してくれるアパートだが、月3000円で貸してくれるのだそうだ。期間は２年間。その間に仕事を見つけてどうにか路上生活を抜けだそう、という政策のようだが、仕事を見つけるのはなかなか難しいようだ。

　しかも、１度隅田川を出たら、もう２度とここには戻ってこられない決まりになっているようだ。これでは、ただ隅田川沿いから路上生活者を追い出したいだけのように見えてしまう。１回目の募集の時にアパートに移った人々は2007年、期限の２年間を終えるそうだ。仕事が得られなかった人たちは隅田川には戻れず、また路上へ移ることになってしまう……

　撤去は月に一度、いずれかの水曜日に行われる。しかし、何週目かは決まっていない。盆と正月には行われない年もあるそうだ」（坂口 2011：158-164）

　このカリコミ、いや特別清掃は、河畔のホームレスの大きな負担になっている。そのため、ホームレスたちが河畔から逃げ出していく。行政によって「路上生活者対策」とされている特別清掃は、見事にその目的を達成しているようである

第Ⅱ部　「合同生活圏」

　このように書くと、特別清掃を行う行政の冷淡さ、非情さだけが感じ取られるかもしれない。しかし、ことはそのように単純ではない。特別清掃を指揮する公務員は、多様な市民、それもときに意見や立場、利害が相反する市民のために政策を立案、実行しなければならない。当然、ホームレスの存在を快く思わない市民が多数派であろうから、無策であれば行政は市民からの批判の的となる。市民のマジョリティは、特別清掃に賛同するというという以上に、より積極的な方策を求めているのである。それは民意といっても過言ではない。

　東京都は、親水空間としての河川づくりのため、河川流域の地域住民や市民団体、自治体から委員を選出し、情報や意見の交換を行う流域連絡会を設置している。2001年、「隅田川流域連絡会」が発足したが、その第1回連絡会の席上では、さっそく「路上生活者については、東京都はどのように対応しようとしているのか」という質問が「都民委員」からなされた。行政側の委員（都の職員）は、隅田川沿いにいる約800人の路上生活者に対し、「東京都では定期的に「清掃」することにより対処」しているが、この問題は「河川管理上の問題として捉えると同時に、福祉の面からも考えていかなければならない問題」で、「路上生活者の生活に配慮することも必要」であると穏当な回答をしている[10]。それが単純な排除ではすまない複雑な問題であることを、行政は理解している。そのようななか、むしろ市民が問題を単純化し、より積極的な対応を求めることすらある。

　2003年に開催された第6回隅田川流域連絡会では、ある「都民委員」から「人が通らないようなテラスは、テラスの高さを低くして満潮の時には通れないようなテラスがあってもいいのではないか。テラスの上に水がくるのも風情があっていい。また、ホームレスも住めなくなり問題の解決になる（傍点引用者）」という意見が出された。テラスの一部を改造し低湿にすること

---

10)　東京都建設局
　　　http://www.kensetsu.metro.tokyo.jp/jigyo/river/kankyo/ryuiki/09/gijiroku1/sumida-gijiroku1.html accessed on 2017. 6. 14)

によって、ホームレスを住めなくする——目先のことだけに囚われ、ホームレスを排除できればそれで良しと単純に考えて、陰湿な対策案を簡単に提案してしまう市民。これに対し、行政委員が「ホームレスの問題は、就労、住宅、医療、福祉などの問題を解決しないとなくならない根が深い問題です」と釘をさすほどである[11]。

こういう市民からの圧力に加え、ホームレスの河畔の占拠は、河川法に違反している行為であるため、当然、公務に忠実な人間は、その排除を真面目に履行しなければならない立場にある。その真面目さは、簡単に責められるものではない。しかし、そのような冷徹に公務に関わる人間も、特別清掃の現場では、ホームレスの現実に同情し、若干なりとも人情味のある取り計らいを見せることがあるようだ。

「……そうこうするうちにトラックに乗って国交省の人がやってきた。4人ぐらいの職員と5〜6人の下請け清掃員が来て、大急ぎで順番に掃除していく。清掃員と職員によるチェックが終わり次第、すぐに家を建て直していいことになっている…
　鈴木さん（路上生活者：引用者注）は国交省の人とはもちろん顔見知りで、ちゃんと理解をしてもらっているそうだ。建前上は撤去しなくてはいけないので実行するが、なぜか『すみません』と国交省の人が言うんだよと鈴木さんは言っていた。国交省は、馴れ合いを防ぐために何年かに1度、管轄する部署を変えているようだ」（坂口 2011：163-164）

なぜか「すみません」といいながら「清掃」する吏員たち。彼らが、この言葉を若干の後ろめたさによって発したのか、あるいはトラブル回避のために形式的に口にしたのか、定かではない。しかし、冷たく感じるホームレス排除の現場から、微かに人間味を感じとれる現実が垣間見えてくる。「特別

---

11)　東京都建設局
　　http://www.kensetsu.metro.tokyo.jp/jigyo/river/kankyo/ryuiki/09/gijiroku6/sumida-gijiroku6.html accessed on 2017. 6. 14）

清掃」という歪んだ表現をされる非情なホームレス対策の裏で、ぎりぎりの範囲で目こぼしをして現実的に対応するというのが実際なのであろうか。隅田川河畔はマジョリティとマイノリティ、強者と弱者の間で、表の非情と裏の有情とがせめぎ合う「戦闘地帯」でもある。

そのようなホームレス排除の現場の二面性に注目するならば、先に述べた花壇やベンチたちの配置には、表の有情と裏の非情という逆の二面性が看取されるであろう。

7. 協働的なホームレスの排除

美しい隅田川テラスを清掃するのは、行政職員や清掃員だけではない。一般の市民や企業も、行政と連携して清掃活動を行っている。2004年に隅田川流域クリーンキャンペーン実行委員会が組織され、国土交通省や東京都建設局、さらに隅田川に面する中央区、台東区、墨田区、江東区が後援し、公益財団や企業や市民団体の協賛する「隅田川クリーン大作戦」という、市民ボランティアによる清掃活動が毎年行われている。

市民ボランティアはまた、隅田川河畔の花壇も手入れしている。「花守さん」と呼ばれる近在の地域住民が、水やりや草取りなどを担っている。ただし花壇自体は、河川を管理する東京都や、その外郭団体である公益財団法人東京都公園協会によって、「公益」事業のなかで設置された。東京都は、環境美化活動に積極的に関わる地元の町会や、高齢者クラブなどの市民団体に対し河畔の占用を許可し、東京都公園協会は市民たちへ花の苗を提供し、植栽についての講習会を開催するなどの支援をしている。

東京都公園協会では、21団体（2010年度時点）に花の苗を提供し、花の植替え時には公園協会の職員による花の植え方、育て方についての花守講座を開催している。それには自治会や小学校、幼稚園、保育園、そして障害者団体など多様な団体が参加している[12]。

見えない「戦闘地帯（Kampfzone）」

　このような環境をめぐる市民参加型の活動が、本論の冒頭で述べた、多様な主体が参画する協働的統治という現代的価値や理念の影響を受けていることは明らかである。東京都建設局第一建設事務所のホームページに、隅田川テラスでは、「地域住民との協働による花壇管理活動を行い環境美化に取り組むなど、潤いのある水辺空間の保全に努めています（傍点引用者）」というふうに、「協働」という言葉が明確に謳われている[13]。また環境美化活動が、公共部門と市民との協働的統治として、意図的にデザインされていることは、隅田川河畔の花壇のなかに立てられたこの事業の宣伝プレートのなかにある、次のような文言からも明らかである。

>　「この花壇は、Ａの有志の皆さんが中心になってお世話をしています。隅田川では魅力ある水辺づくりのため、地域の皆さんと東京都、（財）東京都公園協会とが協働して、花いっぱい運動を推進しています（傍点引用者）」

　この事業の意義を喧伝するプレートにも、やはり「協働」という言葉が直接使用されているように、それは河畔の環境美化活動のキーワードとなっている。Ａの部分には、それぞれの花壇の世話を担当する地域住民の団体名が記されるようになっており、それ以外の部分は同じ文面である。この事業は市民を河畔の管理者、環境美化の主体として尊重し、市民と公共部門とが協働でその活動を展開するところに価値が見出され、その点が強調されているのである。

　しかし、すでに述べたように、河畔を美しい花々で満たす活動が、間接的

---

12)　東京都公園協会公益事業概要
　　 http://www.tokyo-park.or.jp/waterbus/public/index.html#anc02 accessed on 2017. 6. 14)
13)　東京都建設局第一建設事務所
　　 http://www.kensetsu.metro.tokyo.jp/ichiken/doro-kasen-kanri.html accessed on 2016. 5. 25)

第Ⅱ部　「合同生活圏」

にでも河畔からホームレスを追い出す活動として企図されていることは、その花壇の不自然な配置から、うかがい知ることができる。市民が参加する善良な美化活動が、社会的弱者を減らすための浄化活動として自動的に作動していること、そして、どうやらそれが自動的に作動する社会的仕掛けとして、元々企図されていることを、私たちは見過ごしてはならない。花壇に掲げられたプレートの文言を、隅田川では魅力ある水辺づくりのため「地域の皆さん」と東京都や公益財団が協働して、ホームレスを追い出す運動を推進していると、読み換えることも可能なのである。ただし、その「地域の皆さん」たちは、花守がホームレスの排除につながることに気がついていない。あるいはうっすらと気がついていたとしても、「公益」に資する、そして社会に貢献するという、善意と尊い使命感によって、花壇の花守に専心できるのである。

　この市民との協働には、行政機関にとって三つの利点がある。

　第一に、市民との協働を謳い、それを表面の環境美化事業の主体として位置づけることにより、ホームレスを排除するという裏面の副次的効果を、より容易に隠すことができる。それは、現代社会において力をもった市民たちによって、自発的に行われている理想的な活動である。それは善良な市民が真面目に社会に奉仕しているのであり、市民社会の一つの模範的活動、そして市民の社会実践の成功例として喧伝可能である。日頃、社会問題に敏感なマスコミも、その絡繰りには簡単には気がつかないであろうし、気がついても善良な市民を責めるには少々勇気がいる。行政機関にとってみれば市民参加や市民主体というあり方は、何よりも大義名分となりうるのである。

　第二に、その協働によって、行政機関は市民と親和的関係（ラポール）を取り持つことができる。花々を栽培することが許可され、さらに花の苗まで支給された市民は、まさに選ばれた市民である。それは一つの特権であり、選ばれた市民はその特権を付与してくれた行政の理解者となりやすい。その事業を通じて市民と行政関係者との間に、人間的な交流も生まれるであろうから、少なからず行政機関と市民は親和的になっていく。その親和性は、特別清掃などの

見えない「戦闘地帯（Kampfzone）」

行政機関による施策への賛同を得る上でも大いに有効である。きつい言葉でいえば、市民を飼い慣らす、あるいは手なずけることができる。

　第三に、この協働により、真面目な河川の監視員を安上がりに確保することができる。もし、日頃管理してきた花壇の周辺がホームレスに占拠されたら、その管理者たちは、あたかも自分の家の庭が侵犯されたがごとく感じ取るに違いない。そしてホームレスに対して憐憫の情を催すどころか、気色ばむに違いない。熱心に花壇の世話をすればするほど、河畔を大切にし、あたかも自分のものとしてとらえる錯覚に陥りやすくなる。愛着からくるその錯覚は、河畔を美しくしよう、守ろう、管理しようという人びとの意識と意欲を、過剰にかき立てる。すでに花壇によって、その場から立ち退けという無言のメッセージをホームレスたちは与えられているが、花壇の管理者たちからは、生の声をもって、より強いメッセージを与えられかねない。

　行政機関が委託した警備会社の監視員が、河畔を巡回していることはすでに述べたが、それと同じ、あるいはそれ以上の役割を、花壇の管理者は無償で果たしてくれるに違いない。巡回する監視員は、ホームレスたちにとって心地よいものではないはずだが、そのような雇われ監視員よりも、善意に基づき、環境美化の使命感に溢れ、花壇の手入れに自発的に関わる市民の方が、ときにはより手強いのである。

　もちろん、河畔を美しくする善良な市民と、その市民の善良な行為、そしてその善意は、まずは高く評価されてしかるべきであろう。しかし、その善意がもたらすかもしれない厄介な状況に思いをめぐらす想像力を、やはり市民はもたなければならない。さらに、自分たちが良かれと思ってやっている行為がもたらす影響を見極める力も、市民は身につけなければなければならない。

第Ⅱ部　「合同生活圏」

8. 結　　語

　万が一、市民がホームレスを河畔から追い出したいと、内心で考えていたとしても、それを単純に批判することはできない。ホームレスに対する負のイメージ、そしてそれが身のまわりに存在することに対する忌避感、嫌悪感は、特別な差別意識に基づくものではない。ホームレスの人権を理解し、それを保護すべきだとするヒューマニズム溢れる人でも、実際に自らの生活空間にそれが侵入し、その一部を「不法」に占拠した場合、それを身近なところから遠ざけたいと思う感情や感覚が、若干なりとも湧き起こることは、自然なことであろう。そのような普通の市民感情や感覚を無視して、高邁な人道的な理想に基づいてホームレスだけを擁護する考え方は、机上の空論にすぎない。

　本論で問題としたいのは、河畔のホームレス問題を処理している行政や市民に内在する加害者性ではない。ここで問題としたいのは、その処理の手法である。社会的弱者による不法占拠とその排除という、是非を問うことや解決することが容易ではない複雑な難題を隠しながら、さらにそのような排除につながる行為を隠しながら、別の問題にすり替えて処理する仕掛けを問題視しているのである。自らの生活空間の侵害、あるいは感覚的な不快感を正直に吐露し、正々堂々と権利主張、あるいは改善を求める運動として、ホームレスの排除を社会的に露見させるのではなく、それを見えないところに押し込み、ことを内々に静かに収めようとする社会的仕掛け。それは、多様な異見を闘わせる場——戦闘地帯——を表面的に沈静化させるだけではなく、多様な異見を闘わせる機会をむしろ奪ってしまっている。その社会的仕掛けによって、行政と市民、その他多くのアクターが一緒になって社会的弱者の問題を考え続けることを、その実、停止させている。そこが問題なのである。

見えない「戦闘地帯（Kampfzone）」

　日本の代表的な都市河川である隅田川河畔では、かつて都市の中心部と比べれば、社会的弱者が相対的に自由な生活を送ることができた。しかし、現代になってその空間の美化が進められるなか、社会的弱者が存在することが許されない、あるいは存在しづらい空間へと、そこは変貌しつつある。現代都市の河畔は異様なほどに静寂に包まれているが、実はそこは、マジョリティとマイノリティ、権力と非権力、富と貧困、美と穢れ、健康と病気、管理と自由、差別と被差別、有情と無情といった問題をめぐる戦闘地帯へと化している。そして、その闘いによって排撃の標的となっているのは、弱者であるホームレスなのだ。

　都会の隙間を求めて、ようやく河畔に辿り着いた彼／彼女らは、そこからも追い払われている。そこから先にある選択肢は、一時的に救済してくれる公的施設へ収容されるか、さもなくば、さらなる隙間を求めて彷徨する漂泊者になるか。しかし、人口が稠密で可用空間が少ない都市部において、もうすでに、移動できる隙間はほとんどない。

　日本の河川とその周辺空間が、社会的弱者を吸収する社会のバッファとなっていたことを、これまで日本の歴史学や民俗学は明らかにしてきた。たしかに河川を中心として構成される空間は、一般人の日常的な生活空間の周辺部にある隙間であり、ときに統治権力がおよびにくいアジールとして機能してきた。そしてそこは、都市の他の場所に比べて、弱者が生きやすい場となっていた。

　ただ残念なことに、かつて河畔の性格として重要だったアジールの特質を一面的に高く評価したり、また現代においてその継承を主張したりすることは、現実的ではない。いま、この時代に河川空間を、弱者救済のアジールとして公的に位置づけることは不可能だろうし、そのような位置づけと固定化は、セグリゲーション（隔離：segregation）という困難な問題を生み出してしまうだろう。それが、社会的弱者の根本的救済になりえないことは明らかである。社会的弱者の救済が、まずは行政機関による社会福祉政策によってなされるべきであること、そしてこれまでもそのような公的支援が一定の効

果を上げてきたことを認めるしかない。

　しかし、そのような行政機関が主導する、社会的弱者に温かい福祉政策の裏側で、社会的弱者に冷たい環境政策が遂行されていたことを、私たちは見過ごすわけにはいかない。そして、それら二つの政策が、実は連動していたことに私たちは気がつかねばならない。それらは、弱者の受け皿を作る政策と、弱者をその受け皿に追い込む政策と、表現し直すことが可能なのである。この二つの政策が連動することにより、街中から弱者の姿を、効率的に消し去ることができる。そして、河畔の弱者をその受け皿に追い込むことを目的とした冷たい政策は、河畔の環境美化という表面的には温かい政策と合体させられることにより、一つ間違えれば人間味に欠くとの批判を受けかねないその目的を隠すことができたのである。

　そこで展開された協働的統治には、行政機関やその外郭団体の職員、それらが雇う監視員、そして河畔を愛する善良なる市民、市民団体など多様な人間、組織が加わった。そして、人間だけではなく河畔に配置されたモノたちも、その協働に加わることになった。ベンチや東屋、パブリック・アート、花壇といったモノ＝非・人間たちも、協働的統治のアクターとして集合し、その能力を発揮しているのである。

　この隅田川河畔でのホームレス排除において、人間と非・人間とは同一のエージェンシーをもつのであって、それを区別することは、存在論的にあまり意味がない。多様なアクターは単体で存在するのではなく、他のものと切り離すことのできないネットワークの一部を構成しながら、相互に協働しているのである。このような人間と非・人間という区分を乗り越えた協働的統治のネットワークが、そのアクターの一員として最初から認めてもらえないホームレスたちを静かに取り囲み、彼／彼女らを保護施設へと追い込んでいるのである。

　そこでは静かなる排除が行われてきた。そのような静かなる排除は、都市の河畔だけではなく、現代社会の至る所でひっそりと行われて、さまざまな弱者、あるいはマイノリティを排斥しているのだろう。静かなる排除は、

見えない「戦闘地帯（Kampfzone）」

騒々しい排除と同じくらい危険である。人権に敏感であるはずの民主的な市民社会の背景では、犠牲をカムフラージュするメカニズムがすでに起動している。長閑な日常生活の後景に仕組まれた見えない社会的仕掛けを暴き、見えない戦闘地帯

写真4　協働する排除系ベンチと骨だけの東屋、そして警備員

Kampfzone を可視化させることなしには、この静かなる排除を止めることはできない。

〔参考文献（アルファベット順）〕

網野善彦. 1978.『無縁・公界・楽——日本中世の自由と平和』平凡社。
Ansell, C. and A. Gash. 2008. Collaborative Governance in Theory and Practice. *Journal of Public Administration Research and Theory* 18 (4)：543-71.
Bauman, Z. and D. Lyon. 2012. *Liquid Surveillance: A Conversation*. Cambridge, UK: Polity Press.
Emerson, K., T. Nabatchi and S. Balogh. 2012. An Integrative Framework for Collaborative Governance. *Journal of Public Administration Research and Theory* 22 (1)：1-29.
フーコー、ミシェル. 1977.『監獄の誕生——監視と処罰』新潮社。
平川秀幸. 2010.『科学は誰のものか——社会の側から問い直す』NHK 出版。
Hess, C and E. Ostrom. 2003. Ideas, Artifacts, and Facilities: Information as a Common-Pool Resource. *Law and Contemporary Problems* 66 (1/2)：111-45.
五十嵐太郎. 2004.『過防備都市』中央公論新社。
井上　真. 2004.『コモンズの思想を求めて』岩波書店。
Jos, P. H. 2016. Advancing Social Equity: Proceduralism in the New Governance.

第Ⅱ部　「合同生活圏」

　　　　　　Administration & Society 48 (6)：760-80.
Kaschuba, W. 2014. Kampfzone Stadtmitte：Wem gehört die City? *Forum Stadt*, Jg. 41, H. 4,：357-76.＊本論文についてはシンポジウム時に提供いただいた仮訳「争いのゾーン――市の中心部」（北村昌史訳）を参照した。
風樹　茂. 2013.『東京ドヤ街盛衰記――日本の象徴・山谷で生きる』中央公論新社。
北川由紀彦. 2012.「〈ホームレス対策〉の展開過程――東京（区部）における「厚生関係施設」と「路上生活者対策」に注目して」『放送大学研究年報』（30）：41-53。
北見俊夫. 1981.『川の文化』日本書籍。
Latour, B. 2007. *Reassembling the Social：An Introduction to Actor-Network-Theory*. Oxford：Oxford University Press.
松下和夫編著. 2007.『環境ガバナンス論』京都大学学術出版会。
野本寛一. 1999.『人と自然と――四万十川民俗誌』雄山閣出版。
坂口恭平. 2010.『ゼロから始める都市型狩猟採集生活』太田出版。
―――. 2011.『TOKYO――０円ハウス０円生活』河出書房新社。
塩見鮮一郎. 2008a.『弾左衛門とその時代』河出書房新社。
―――. 2008b.『貧民の帝都』文藝春秋。
―――. 2015.『吉原という異界』河出書房新社。
菅　豊. 2014.「ガバナンス時代のコモンズ論――社会的弱者を包括する社会制度の構築」、『エコロジーとコモンズ――環境ガバナンスと地域自立の思想』所収、三俣学編、晃洋書房、233-52。

第Ⅲ部　都市におけるセグリゲーション

解題：舞台・ベルリン——変転するメトロポリス

　第Ⅲ部のテーマは「都市におけるセグリゲーション」である。「セグリゲーション」という言葉が意味するところは多岐にわたるが、ここでは第Ⅱ部において用いられた「隔離」ではなく、「分化」、あるいは「棲み分け」という意味に解するのが相応しい。セグリゲーションは、かつては社会階層別の居住地分化（棲み分け）として現れるのが一般的であったが、現代都市では多様な属性を持つ集団によってモザイク状に形成されているのが特徴的である。

　このセッションで扱われる時代は、戦間期から第二次大戦後、さらには現代にまで及ぶが、対象となっているのはいずれもベルリンの都市社会である。そこでは、カシューバ論文や森論文が対象とするインナーシティ（ノイケルン、クロイツベルク）、北村論文における郊外住宅地（ツェーレンドルフ）と扱う地区は異なるものの、ベルリン内部の地域構造というコンテクストを反映しつつ、近代化の中で造られた都市空間が住民の生活過程を通じて再編されていく経緯が追求される。

　ベルリンは第二帝政期の度重なる都市拡張を経て大都市（大ベルリン）となり、稠密な市街地は郊外へと開放された。それと同時に社会階層別の居住地分化も発生したが、このメトロポリス内での棲み分けは当時の所得税制（地区によって税率の異なる所得税付加税）によって、さらに増幅されたものとなった。

　北村論文では、1920年代にベルリン郊外に建設された「森のジートルング」をめぐる新旧住民間の社会的コンフリクトとその解消プロセスがテーマとなっている。戦間期の住宅供給の主体は公益住宅企業であったが、邸宅街であったツェーレンドルフは、社会民主党を背景に持つ企業と右派政党と繋がりの深い企業とがそれぞれ計画した住宅地モデルが競合する場所となった。ここでは、社会民主党の宣伝塔となった馬蹄形ジートルング（ノイケルン）とは異なり、祭りの開催を通じて周辺住宅地やベルリン社会と友好的な関係を構築しようとした試みが分析

されている。

　カシューバ論文では、東西冷戦期には「ベルリン空輸」として戦後史の舞台となったテンペルホーフ空港の跡地の再利用や、労働者居住地区ノイケルンに位置するヘルマン広場の活性化が取り上げられる。そこでは、公共空間という都市内オープンスペースのコンテクストが新たに創出されたり、それをアイデンティティの拠り所とする主体とともに変質させていくプロセスが語られる。こうした変質の背景には、現代におけるライフスタイルの多様化や自由のさらなる獲得がある。紹介される事例は独創性に富み、都市生活ならではの豊かさを育むものではあるが、それがある限界を超えてしまうと、今度は逆に都市文化の多様性を衰退させることになり、弱い社会層を隅に押しやってしまうことも危惧されている。

　これに対して、境界を設定することができないトランスナショナルな空間として現代都市を捉える森論文では、少年期にベルリンに移住した一人のクルド人男性による想像の世界が分析される。そこでは、他者とのコンフリクト――差異や闘争、交渉を含む様々な経験――が、場所に新しい存在を植え付け、場所との関係を生産していくプロセスが明らかとなる。境界で内外を隔てることによって成立・安定する最たるものは国民国家であろうが、この国家との関係において、主人公がドイツ国籍を取得する理由が極めて興味深い。それは、自分の政治的意見を表明する手段（選挙権）の獲得であり、帰郷時のビザ取得手数料の節約であって、ドイツ人社会に自らを一体化させようとするものでは全くないのである。こうして、彼はホスト社会に同化することも統合することもなく、「ここ」という場所に生きているのである。

　なお、北村論文が扱った「森のジートルング」が立地するベルリン南西郊の住宅地ツェーレンドルフは、森論文における語りの主人公であるクルド人にとっては「疎外や不安を感じる場所」として、自らが暮らすクロイツベルクとは対照的に捉えられる場所でもある。また、「馬蹄形ジートルング」が立地する労働者居住地区・ノイケルンには、カシューバ論文で取り上げられたヘルマン広場が位置している。このように、各論文に同じ市区が登場していること自体は全くの偶然ではあるが、場所をめぐるコンテクストが、それを惹起するスケールの差異を含

めて重層的で、極めて多様であることを示唆している。

　以上みてきたように、このセッションは、公共空間の使われ方、あるいは移民から見た都市空間、そして戦間期に新たに造られた住宅地における祭りといったテーマを通じて、公共空間の持つ意味の変化、近隣社会に多様な属性を持つニューカマーが入ってきた際に、ニューカマーがつくる新たな文化が、それまでの場所をどう利用し、どのように変えていったかを捉えたものとして総括できよう。そこでは、都市空間内での静態的なセグリゲーションの析出と確認を超えて、都市社会そのものが如何にコンテクストの異動と、それにともなうコンフリクトの生起・闘争・交渉とに満ちたものであるのか、ドイツ近現代史において数奇な運命をたどったベルリンを舞台とする三篇の刺激的な論考が鮮やかに描き出している。

（大場　茂明）

公共空間における都市社会

ヴォルフガング・カシューバ
／大場茂明 訳

1. ベルリンにおける公共空間の「文化化」

　過去においても、また今日でも、「公共空間」は、都市空間・都市文化をめぐるヨーロッパでの議論における重要なキーワードであり、中心概念である。なぜならば、それは近代への都市景観の歴史的発展や建築計画と、都市市民の環境や市民社会の政策の出現との双方にとって、理念や実践モデルだからである。それゆえ、このテーマは今日でも交通計画や建築のみならず、とりわけ地理学やメディア研究などといった人文・社会科学でも重要視されている。公共空間、それは過去から現代に至るまで、都市の生活世界や文化様式の「心臓部」なのである。そして、それだからこそ、私はその歴史的発展や現代における意義に関する若干の側面をここで概観していこうと思う。

　歴史的には、公共空間は特別な行為・行動の領域として出現した。すなわち、一方では農民や手工業者、商人が市民と出会う市場空間として、他方ではビジネスや結婚が行われ、情報が交換される都心における市民の社会的・

第Ⅲ部　都市におけるセグリゲーション

写真1　19世紀の絵画に描かれたジャンダルマン・マルクト

政治的生活の舞台として。したがって、それはヨーロッパ中世都市に出現した社会的プレゼンテーションが行われる特別な場であり、封建的なレジデンツ都市（王宮所在地）ではなく、早くから相対的に自由な市民都市の「市民的」な心臓部なのである。

　19世紀の絵画に描かれたジャンダルマン・マルクト（写真1）は、ベルリンの中心部にあって特定の曜日に日常の交易を行う市場であり、そこでは地方の産物が扱われ、地元の消費者で賑わった。しかし、同時にこの場所は市民の出会いの場でもあり、私的なことから政治的な話題まであらゆる事柄が話し合われた。この絵と、そこに描かれた公共空間の表現が理想像であることは言うまでもない。それは、あらゆるものが行き交い、互いに議論し合えるような市民社会と公共性の理想像なのである。歴史上の事実に即せば、徒弟や下女、日雇い労働者、女商人らはこの広場で出会うこともなく、政治的な問題を議論することもなかったので、これは稀な事例である。当時、政治

公共空間における都市社会

写真2　広場で催された集会風景

的な意味においては、マルクト広場は特権的な市民の場であり、開放的で民主的な空間ではなかった。

　ようやく20世紀になって、都市のマルクト広場や街路は公的で政治的な議論の舞台となった。とりわけ、ヨーロッパで多くの王家が滅び、新たに共和制の民主的な社会を創出することを目的に革命のような社会的反乱が勃発した第一次大戦後、そうした傾向が現れた。ここでは、デモや政治集会のために都市の公共空間を利用した労働運動が、非常に重要な役割を果たした。8時間労働制や賃上げ、選挙権、その他様々な問題が話し合われた。こうして、多様な関心をテーマに取り上げ、歴史上初めて大々的に「路上の政治」を行うことが今や可能となったため、公共空間が現実に社会の文化や政治に関わる公的な場となったのである（写真2）。保守的な政治家や市民にとっては、この「路上の政治」という概念はむしろ侮蔑語を具現化したものであったが、下層の人々にとっては政治的に行動し、自らを組織化する独自の道であった。

　ドイツでは、ナチスとヒットラーが権力を掌握した1933年以降、この道はまもなく情け容赦なく停止させられた。労働運動は禁止され、迫害され、ひどい損害を受けた。公園や路上では、それに代わって、音楽や演説を発する

125

第Ⅲ部　都市におけるセグリゲーション

写真3　ベルリンの壁に書かれたスローガン
（ノイケルン地区・ヴァイザー通り）

拡声器と、そこを行進する褐色の集団とが占拠した。1945年以降、戦争の終結とナチスの敗北の後、ドイツの状況は日本のそれとよく似ている。なぜなら、伝統的な「公共の場での文化」というものが、支配体制によってその時点で破壊されてしまい、人々はその日常と関心を自由かつ公然と——政治的統制や行進命令なしに——生かし切ることに慣れていなかったからである。当初は非常にゆっくりとではあったが、1960年代半ばになると、ドイツでも日本でも新たな学生運動や組合運動、反核運動、住民運動において、再び都市政治や都市社会の中心的な場として、公共空間はまたその役割を持ち直した。

今日ベルリンの壁には、公共空間を再び我々全ての手に取り戻すために、「われわれの体と空間を守る」との挑発的なスローガンが書かれている（写真3）。このスローガンは、今やベルリン都心部での投機やジェントリフィケーションに反対するものとなっている。それは、かつては都市の特徴であり、その活力は今日も不可欠であるソーシャル・ミックスを維持しようとしている。また、このスローガンはオールタナティヴな見方と抵抗的な態度を社会的に組織化し、それらに独自の文化的表現形態を付与しようと促しているのである。

公共空間を社会的、政治的、文化的に価値上昇させようとするこうしたアイデアで、この空間は実際に物質的にも、認識上でも変化した。1980年代以降、建築や都市計画は都心部の再発見に際して、建築的、文化的側面を強く意識するようになっている。一方では、そこから投機的な建築への傾向が現れたが、それは建築上のマーカーとして都心部と都市のシルエットをまごうことなきものにしようとした。ノルウェーの首都オスロの新オペラ座は、いささか偏執狂的な巨大嗜好であるが、こうした事例の一つである（写真4）。

公共空間における都市社会

写真4　オスロのオペラ座

写真5　ウィーン新博物館地区

　他方では、ウィーンの新博物館地区のように大きな都市空間の中の小さな風景を徹底的にリストアップしようとする試みも見られる（写真5）。それは、同時に慌ただしい都市の真ん中にニッチや静寂ゾーンを創り出すことでもある。そのためには、この都市空間を落ち着かせるように、象徴的にも、実践的にも広場の周りには腰掛けたり横になれるように多くのベンチが置かれたり、カフェができたりする。こうした試みは、慌ただしいビジネスや交通のゾーンから余暇と自由の場へと都市空間を再定義するものでもある。

第Ⅲ部　都市におけるセグリゲーション

ウィーンでも、ヨーロッパの他の大都市でも、かつての「フォーディズム」に基づく工業都市やクルマ社会を、近年では機能的・建築的・気質的にも新たな「ポスト・フォーディズム」的な生活世界へと変えていこうという試みが行われている。

それゆえ、多くのヨーロッパ都市で、公共空間は都市社会の最も重要な物質的・文化的資源となった。なぜなら、それは再び共通の「コンタクト・ゾーン」（社会言語学者 Mary Louise Pratt による[訳注1]）を具現化するものだからである。そうした広場や路上では、地元住民、旅行者、様々な世代と性別、生活様式、文化的表現形態も異なる多様な社会集団が出会う。こうしたソーシャル・ミックスや文化的統合の効果が、最終的に大都市の次のような特性を創り出すのである：日常の社会的コンタクトとコンフリクトの経験的作用、社会と共同体に関する認識的・感情的な経験、他者や新たなものを通じての文化的刻印。要するに、都市公共空間での経験は、「文化的実験場」であるとともに、「社会的闘争の場」なのである。

2. 共通の場からアイデンティティの再生へ

以下では、ベルリンの事例を三つ挙げ、こうした空間のアンビヴァレンツを示すこととする。都市文化は、一方では新しい生活空間やライフスタイルが発展する「実験の場」であるが、他方では学習プロセスと利害とがぶつかり合う「戦いの場」でもある。

訳注1）　コンタクト・ゾーン（contact zone）とは、社会言語学者であるメアリー・ルイーズ・プラット（Mary Louise Pratt, 1948-）による専門用語で、異種の言語使用者が接触するチャンス――商業や交易の他に植民地化、軍事的占領や戦争なども含まれる――が生起する2つの言語や文化が交わっていく空間概念のことをさす。この空間概念はしばしば意味領域にも拡張されて、言語や思考の異種混交が起こる特殊な領域であると言われている。

公共空間における都市社会

写真6　テンペルホーフ空港（1930年頃）

　一番目の事例は、ベルリンでは非常に有名な場所である。それはヨーロッパで最も歴史の古い空港の一つ、1923年に市の中心部に造られたテンペルホーフ空港である。この空港は、1933年にはナチスによってヨーロッパ最大の空港へと拡張されたものの、それは戦争や空爆目的にのみ使用された（写真6）。その後1949年にベルリンがソ連軍によって封鎖をされ、輸送の道が途絶えた時に、この空港を利用して西ベルリン市民に物資が供給された。物資を積んだ連合軍の飛行機が30秒ごとに1機着陸することで、「空の架け橋」の主役となった舞台である。その後、ルフトハンザや外国の航空会社にとっては、小規模ではあるが便利な都心の空港として、新設されたテーゲル空港とともに西ベルリンと西側世界を結んだ。
　2008年にこの空港は閉鎖されることになったが、その面積は5km^{2}とニューヨークのセントラルパークより広い。跡地は"100% Tempelhof"という名の市民イニシアティヴにより、（いわゆる）歴史遺産としてそのまま残され、都市の社会的・文化的実験場として活用することを目的に、都市公園"Free Tempelhof"となった。ベルリン市民に賛否を問うたところ、その多数が実際に何も建てず変更は最小限に止めるというこの提案に賛成した（写真7）。
　こうした賛成意見は、特に都市の自然生態系という点で非常に意味があ

129

第Ⅲ部　都市におけるセグリゲーション

写真7　都市公園 "Free Tempelhof"

る。ここは緑のオアシス、市民のレクレーションの場として、ベルリンの空気供給にとって重要な空間である。そこで興味深いのは、この飛行場が「自然」でさえあることを多くの人々が如何に強調して論じているかということである。なぜなら、過去80年においてこの飛行場ほどヨーロッパ最大の交通施設建設プロジェクトを具現化したものはなかったからである。かつて技術のシンボルであったものを、突然自然へと過激に転換することに心の準備が出来ているのは、都市の生活世界での新たなシンボル的、モラル的な観察方法にとっては典型的なものであるように、私には思われる。近代の技術インフラとしての都市は、我々にはもはや不十分であり、我々は都市を技術、文化、自然が一体となったポストモダンの芸術作品として演出しようとしたのである。

　この飛行場は、都市の実験場として、今日では如何に利用されているのだろうか？　非常に多様なものが提供されているので、効果も様々である。少数の人間が広い場所に紛れ込んでいるので、ここはむしろガラガラのように見える。そこは、散歩に行けば文字通り潜ることのできる「芝生の海」と呼ばれており、「まるで誰もいない」ようでもある。だが、ジョギング、自転

公共空間における都市社会

写真8　テンペルホーフ公園でのウィンドサーフィン

車、ローラースケート、ダンスなどスポーツをしている人々も多く、町の真ん中で「凧揚げ」すらできる（写真8）。なぜなら、高圧電線がないので、そこは都市の真ん中でサーフィンや「空を飛ぶ」ことさえ出来るヨーロッパで唯一の場所だからである。

伝統的なフットボールからなじみの薄い「ジャガー（Jugger）[訳注2)]」まで、多かれ少なかれ外国由来の団体競技をしている人もいる（写真9）。ピクニックやバーベキューの出来るスペース、あるいはドッグランまである。アーティストは、リサイクリングした素材でミニゴルフ場まで作った（写真10）。さらに、スポーツ、音楽、演劇など、多彩なイベントが行われている。

この跡地の中心には、大きな都市ガーデニングエリアがある。そこで、都

訳注2)　ジャガー Jugger とは、映画「サルート・オブ・ザ・ジャガー」（1989年, 原題：The Salute of the Jugger）に登場する架空のスポーツで、その後ドイツ、オーストラリアで独自に発展を遂げた球技。ボール、鎖のついた球や棍棒を使用する団体競技である。「WEBマガジン SAPPOKO（http://sappoko.com/archives/46222）」より（2017年12月28日最終閲覧）。

131

第Ⅲ部　都市におけるセグリゲーション

写真9　テンペルホーフ公園で「ジャガー」競技を楽しむ人々

写真10　テンペルホーフ公園のミニゴルフ場

市住民、特に近隣の人々が1～2㎡のスペースに花壇のような形で植物を植える（写真11）。所有権も継続利用権もないので、これは他のドイツ大都市にあるような「シュレーバー・ガルテン（クライン・ガルテン）」ではない。毎年新たに分配され、植え付けが許可されるもので、土地自体ではなく花壇

公共空間における都市社会

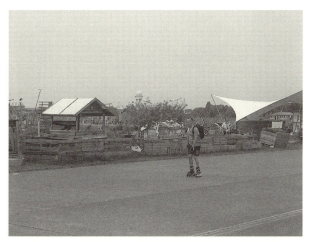

写真11　テンペルホーフ公園でのガーデニング（写真後方）

と植物だけが利用者のものである。

　以上が、テンペルホーフ飛行場の跡地がどう使われているかという概略である。ここでは、都市社会や都市文化が完全に自由に発展しうるし、空間をどう扱うかを市民が自分たちの力で決めていく。根本においては、それは特に若い中間層にとっては夢のようなものである。彼らは、スポーツや社会的、生態的、美的な経験ができるフィールドを望んでいたのである。それゆえ、逆に今では、ベルリンにこんなに緑が要るのか、緑に関わる体験が本当にこれほど必要なのか、都心の大事な空間が非常にもったいない使われ方をしている、他の利用に供すべきではないかという批判の声もある。二番目には、ここには木もベンチや遊び場もないので、例えば老人や子連れの夫婦には長くとどまれないように、特定の集団にとっては非常に使いにくい場所であるとの批判がある。第三には、2016年だけでも約8万人の難民がベルリンの町にも流れてきている。特にシリアやアフガニスタンからの人々を、市内各所に分散させるとしても、この跡地にも取りあえず一部は収容してはどうかという議論が起こっている。これは、かつての飛行場を難民向けの住宅建設に使用することが、決してタブーではないということを意味している。そ

れゆえ、たとえば「自然」対「人間性」のように、ここではいわばある道徳的な立場と別の道徳的な立場とが対立している。私の第一の事例は、大きな都市社会における多様な集団の異なる利害間の典型的に都市的で、ほぼ解消不可能なコンフリクトを示している。

　私が取り上げる第二の事例は、この問題と直接関連している。今日、都市のガーデニングは、ベルリン、テンペルホーフ跡地のみならず、世界中の多くの大都市においても進行中である。ベルリンと同様に、そうしたガーデニングプロジェクトと関連した様々な動機や思いが見られる。一方では住民、特に子供たちに自然にもっと触れてもらいたいという考えがあり、他方では庭園や公園の多い「緑」の都市は健康な都市でもあるとの思いがある。公園をまず第一に「多様な」住民にとっての出会いの場とみなし、公園を訪れることが自分たちの狭い近隣や社会環境から歩み出ることであると考える人々もいる。また、そうした自由な空間は農業生産を行うことができる一種の自給用小農園という意味での独自の都市資源ともみなされている。

　三番目の側面は、特に興味深い。なぜならば、市内の全ての土地は「コモンズ」、すなわち都市社会の共有資源であるという発想に基づいているからである。それゆえ、この空間は——たとえ農業生産向けだとしても——できるだけ共同で、理に適った使われ方をしなければならない。そこには、非常に多様な利用方法がある。

　一つ目の例として、横に広がるのではなく、縦に重ねるような「立体農園」という考え方がある（写真12）。これは、非常に狭いスペースでも生産可能である。この考え方は欧米からアフリカにもたらされ、現地の大都市では実際にガーデニング工場ということで、近隣住民に供給しているところもある。

　二つ目に、たとえばアメリカ・デトロイトの例がある。完全に自動車産業に依存していた頃は「モータウン（Motown）」（デトロイトの通称で、"Motor town"の略）として知られていたが、デトロイトはアメリカ自動車産業の没落により200万人いた人口が80万人へと縮退した。そういう所では、人口が

公共空間における都市社会

写真12 「立体農園」の例

写真13 デトロイトにおける「アーバン・ファーミング」

減っただけではなく、スーパーも食料品店もなくなった。そうした廃墟には、徐々に大規模な都市農業会社が進出し始めている（写真13）。一部では民間企業が大型機械を持ち込み、こうした休閑地に野菜や果物を植え付けている。近隣では、農産物が供給されたのみならず、新たな雇用も生じてい

第Ⅲ部　都市におけるセグリゲーション

る。

"I kiss Neukölln."というバッジに関わる事例もある（写真14）。「NK」というのは、ベルリンのノイケルン地区のことである。このバッジは、もちろん"I love New York"という1970年代にはやった有名なTシャツに因んでいる。ノイケルンというのは、ベルリンの中でもイ

写真14　ノイケルン地区で作られたバッジ

ンフラが貧弱で学校の問題が多い貧困地区で、移民や失業者が多く住む「社会的問題地区」とみなされている。そこで、近年では多くの文化プログラムや市民イニシアティヴでこうした市区の評判をポジティヴなものに変えようとする試みが行われている。たとえばこのバッジを広めることによって、新たな愛着心を生み出すことが期待できる。このことは、パリやロンドンのような大きな都市全体というレベルのみならず、都市内部、あるいは近隣レベルでも、都市のアイデンティティが如何に重要なのかを示している。なぜなら、今日ではそうした多くの地区が、既にいわば「ロードグリップ（自動車の滑り止め用設置板）」をあてがわれる社会空間・社会集団であることが明らかだからである。この「ロードグリップ」が、近隣空間での都市社会の生活から自分がそこに根付いている感覚やアイデンティティを引き出している。この戦略はノイケルンでも機能している。すなわち、以前はノイケルン出身ということで差別されていた若者が、このバッジを堂々と身につけている。なぜなら、このバッジが彼らにとっては「ノイケルン出身で、本当に格好良い」ことのアピールともなっているからである。

　こういったシンボル化、いわば都市の多様な自画像は、今やほとんど全ての世界都市では特に芸術家集団が中心となって広げてきた。彼らは知る人ぞ知る秘密のスポット、お勧めの場所（Places-to-go）を創り出し、たとえば

公共空間における都市社会

写真15　戦前ヘルマン・プラッツにあったカールシュタット百貨店（写真中央）

『ロンリープラネット』（旅行ガイドブック）などに載ると、旅行者が世界中からベルリンにやって来る。

ノイケルンで、もう一つの事例を挙げる（写真15）。それは、ヘルマン・プラッツという広場で、1920年代には当時ヨーロッパ最大のデパートがあった。今では、この広場周辺には移民出自や難民などの貧しい人々、学生、音楽家やアーティストが暮らしているが、麻薬常習者や犯罪者も住む社会的危険地帯（Krisengebiet）となっている。確かに、ヘルマン・プラッツはいわゆる「社会的焦点（sozialer Brennpunkt）」だが、一方では特有の象徴資本を備えたエキゾチックな場所でもある。

写真16　「ヘルマン・プラッツが怖いかい？」

それゆえ、芸術家集団は「ヘルマン・プラッツが怖いかい」とプリントしたオリジナルTシャツを作った（写真16）。これは、都市社会や旅行者にとっては挑発的なスローガンである。「ヘルマン・プラッツは危険なところ

だ。だから君たちは怖いんだろう！」というのが、彼らのメッセージである。それはもちろん、我々のような部外者を挑発することで逆に好奇心をそそられ、行ってみたいと思わせるのである。だからこそ、写真の若者はバイエルン風の帽子をかぶって、ボディランゲージで「さあ、来んかい」と、挑発的に叫んでいるのである。この戦略は徹底している。オリジナルTシャツも、同じデザインのエコバックも、いつも完売である。旅行者も増えて、これを作った芸術家集団も、かなりもうかったようである。ヘルマン・プラッツは、エキゾチックで面白い独特な場所として多くのベルリンのガイドブックでも取り上げられている。アートは、こうしたアクションによって公的空間にクリエイティブに介入したのである。

3. 今後の課題

　しかし、こうした効果はアンビヴァレントでもある。この点に言及して、本稿の結びとしたい。この活動は、いわゆる「ジェントリフィケーション」にもつながる。なぜなら、それによって哀れなヘルマン・プラッツも魅力的になり、住宅家賃やコーヒーの価格も上昇する。このことは、多くの点で市民社会の他の活動にも当てはまる。ジェントリフィケーションへの抵抗は、都市空間やサブカルチャーを投機家や家主にとっても魅力的にする——それは意図せず、しばしば引きとめがたい形で。

　投機家や家主がヨーロッパ都市のジェントリフィケーションを急速に促進している——ターボ・ジェントリフィケーションの進行——というのは、やはり周知の事実である。都市ガーデニングやテイクアウト・コーヒー(Coffee-to-go)、ピクニック、音楽イベントといった都市的生活スタイルに参加したいと望み、都市社会の生活様式や流行をともにつくっているため、我々自身もそうした流れに積極的に加担しているのである。我々は居住においても、公共空間においても、より広い都市空間を必要とし、消費している。印象的

なベルリンの数字を挙げると、統計によれば1950年に15m^{2}であった1人当たりの居住面積は、今では50m^2、すなわち3倍以上になった。これは、公共空間の利用においても同様である。都市の自然や文化スペースに対する我々の要求も急速に増大している。今一度強調すれば、都市の生活世界の再発見とともに我々の都市に対する要求も如何に急速に高まっているか、翻って我々は都市に対して如何なる責任を担うか、ということである。すなわち、一方では多様で新しいライフスタイルにおいて我々が享受したいのは、都市の大きな自由である。しかしながら、他方では個性やライフスタイルが過度に追求されれば、ある限界を超えてしまうと都市のオープンな空間と都市社会の社会的・文化的多様性が危機に晒されてしまうのだという自由に対する責任を我々は受け入れなければならない。改めて都市の「共同精神」が問われている——それは、我々が今後取り組むべき課題であろう。

移民が語る都市空間——想像界と場所について

森　明子

1. はじめに——なぜ移民が語る都市空間か？

　多様な文化が邂逅する現代都市の世界像とは、どのようなものだろうか。たとえばドイツでは2000年代半ばから「平行社会 Parallelgesellschaft」言説が流通している。主としてトルコ系移民をさして、彼らが長くドイツ社会に生活しながらホームとの強いつながりを持ちつづけていることを、ドイツ社会に参加しようとせず、自分たちだけの社会を平行してつくっている、したがって社会統合がうまくいかないのは移民自身に責任がある、とする言説である。しかしこの言説は、移民の文化が多元的であることを、ドイツ国境内の異物として危険視しているのであり、文化の多様性を扱うことについてのドイツ国家の失敗を露呈している。
　より古くからある似た語は「ゲットー」である。ホスト社会のマジョリティが、移民などのマイノリティをよそ者として都市空間の中に配置する。トルコ出身の人類学者で、現在ウィーン大学で教鞭をとるアイシェ・チャグ

ラー Ayşe Çağlar は、ゲットーは、スティグマ化された民族・文化のサイトにマイノリティを押し込める空間メタファーであり、それがドイツの外国人統合言説の支配的トポスになっているとして、次のように述べる。

> ゲットー概念は差異と帰属の都市空間への書き込みを単一の隔離モデルに抑え込むことによって、移民のトランスナショナル空間を見えなくしている。トランスナショナル空間はローカリティに根差した従来のコミュニティを単に空間的に拡大したものではない（Çağlar 2001：606）。

ここでチャグラーが見ているのは、多様な差異や多元的な帰属を含むトランスナショナル空間としての都市である。小稿では、こうした多元的・多文化的な都市のひとつであるベルリンをとりあげ、都市空間を生きる新しい主体である移民が、その世界をどのように想像しているのか、彼らの語りから考えていく。ここで私は、想像という語を意識的に用いている。アパデュライは、近代の相互作用システムが乖離構造を起こしていて、世界を再創造するために想像力がグローバルな文化的プロセスの重要な要素になっているとして、「想像力こそが、社会的実践を編成する領域、労働の形式、エージェンシーの現場とグローバルに規定された可能性の領野とが交渉する形式となった」と述べている（Appadurai 1996a：31）。移民の生きる世界はホスト国とホーム国にわたっていて、全体を一元的にとらえることはできない。移民の想像力は、世界をどのようにつなぎ合わせているのか、この移民の想像界を探ることを小稿の主題とする。

2. いくつかの議論——場所・空間の上昇

まず、現代都市の多文化的な状況を理解するために、場所・空間をめぐる議論が起こっていることについて、整理をしていく。

(1) 1990年代

　1990年代にはいってから場所・空間は、人文社会科学の諸分野で注目されるテーマになった。背景としては、この時期に全世界的な規模で展開していったグローバル化現象がある。経済のグローバル化現象を起こした最も大きな要因は、人の移動とモノの移動の長距離化と加速、大量化に、情報技術の飛躍的な発展が連動したことである。同じ時期に、ベルリンの壁崩壊とそれにつづく東側ブロックの解体が起こった。これらがあいまって、社会の編成をあらためて問い直す議論が起こった。

　ポストモダンの議論に空間の議論を結合したのは地理学者のデイビッド・ハーヴェイである。ハーヴェイは、「時間・空間の圧縮」がそれまでとは大きく異なる世界を現出させたと論じて、人文社会科学のひろい領域に影響を与えた（ハーヴェイ1999［1992］）。ハーヴェイはポストモダンをどう理解するかという関心から、場所・空間の議論を開いていった。

　文化人類学にとって1990年代の場所・空間の議論は、古い文化モデルからの解放と、ローカリティの新しい考え方という二重の意味で重要である。まず、場所・空間の議論は「人と場所と文化の同型性」の破たんを決定づけた。ある領域に住む人々は同じ文化を共有するととらえる「人と場所と文化の同型性」は、古典時代の人類学の文化モデルである。この文化モデルでは異文化の影響は前提とされないが、異文化の影響ゼロの永遠に絶海の孤島のような状況は、実際にはありえない。にもかかわらず純粋文化の理念型はモデルとして長く生き続けた。アキル・グプタとジェームズ・ファーガソンはこのモデルを明快に否定することによって、場所の意味や権力をめぐる現代人類学の新しい議論を切り開いた（Gupta & Ferguson 1997）。「……現実の場所やローカリティが、ますます曖昧で決定不能になっているのに、文化的民族的に特有の場所という理念のほうは、より顕著になっていく傾向がある。……領土化された固定装置をますます否定しているように見える世界において、場所を喪失した人々が記憶され想像されたホームランド・場所・コミュ

ニティに群がっているのだ」(Gupta and Ferguson 1997：39)。境界のあるコミュニティやローカリティという考え方が時代遅れになり、空間の占有に依存しない連帯やアイデンティティを想像する「トランスナショナルな公共圏」(Gupta and Ferguson 1997：37)があらわれてきていると指摘する。

　場所を奪われ根扱ぎにされた人々が、場所とホームランドとの関係をいかにつくっていくのか、文化の構築や社会の編成という観点から、その過程が注目されるようになった。

　　（2）　ローカル、グローバル、場所……主体の位置

　グローバル化は90年代以降、人文社会科学全体にわたるテーマになった。そのなかでローカルとグローバルの関係をどのようにとらえるか、どのような枠組みに配置して分析するかが主要な論点になった。ローカルとグローバルを、二項対立的にとらえる傾向が批判され、二項的な枠組みをいかに克服するかが焦点になったのである。

　社会学者のマイケル・スミスは、この議論の主要な論者である。スミスによれば、グローバルとローカルを二項対立でとらえる枠組みは、ハーヴェイやカステルをはじめとする都市構造主義者に共通して見られる。彼らは、ローカルなものを共同体的な理解の文化空間と同一視し、カネや権力や情報のグローバルなフローの外で意味を生産する空間ととらえる。場所はローカリティとコミュニティにがっちりと結びつけられており、グローバル化の論理の外におかれる（Smith 2002：113）。しかし、場所がグローバル化の論理の外にあるという思考は、グローバル化という概念そのものを拒絶するものであろう。ここで必要なことは、場所の概念をローカリティ－コミュニティ融合の軛から解くことであると思われる。それはどのようにして可能になるだろうか。

　地理学者ドリーン・マッシーは、さまざまな個人や集団が、資本と文化のグローバルなフローとその連結に、さまざまに位置づけられていることを指摘する。誰もが等しくアクセスするのでなく、権力の幾何学といえる状況が

起こっているというのである。これによってそれぞれの場所にはユニークなダイナミズムがはたらく。またネットワークのなかで接合される場所は、単一のアイデンティティではなく、多元的で競合するアイデンティティを帯びることになる（Smith 2002：123；Massey 1993）。

アキルとグプタは、ローカルなものとグローバルなものが交わる局面をとらえるために、文化的、社会的、経済的に連結し依存しあう空間世界における差異の生産過程に注目することを呼びかける（Gupta and Ferguson 1997：43）。差異の生産過程という問題は、民族誌研究において主体はどのように構築されるのか、主体の位置はどこにあるのかという問題と直結する。アルジュン・アパデュライの「ローカリティの生産」をめぐる議論が扱っているのも、まさにこの問題である（Appadurai 1996b）。

アパデュライが述べるように、ローカリティの生産という視点から考えるならば、人類学者におなじみの通過儀礼は、新人にローカルな世界における位置を与える手続きであり、こうしてあらわれた新しい主体は、ローカリティを生産するものになる。これをトランスナショナルな都市にあてはめて考えてみれば、ホスト国に居住する移民は、通過儀礼を介してトランスナショナルな都市における位置を獲得し、以後トランスナショナルな都市のローカリティを生産する者となる[1]。その場合のトランスナショナルな都市のローカリティとは、ホスト国の従来の都市のローカリティと同じものではない。

小稿がここでとりあげるのは、このようなトランスナショナルな都市の新人が語る都市空間である。彼／彼女がどのように位置をとりどのようなローカリティをつくりつつあるのか、その過程に関心がある。それはときには敵対関係にある行為者との差異や闘争、交渉を含むものとなるだろう。秩序の再編成がおこっている状況で、新しくあらわれた存在を外部者とするのでな

---

1) トランスナショナルな都市の通過儀礼にあたるものとして、都市の清掃運動を考えることができる。これについては別稿に論じた（森 2014）。

く、内部に含んだ新しいローカリティがあらわれつつあることに注目したい。

（3） コミュニティのオルタナティヴとしての場所

　ここで私たちがとらえようとしている世界が、これまでの社会と決定的に異なるのは、想像力を動員して構想されているこの世界には境界がない、境界を設定できないということである。

　従来の社会についての構想では、社会過程・歴史過程は国民国家の境界内に含まれることが前提とされてきた。グリックシラーらが指摘していることであるが、このような考えは社会のコンテナ論とも呼ばれ、デュルケム、ヴェーバー、パーソンズなどの社会についての理論研究を主導した先人たちの思考にすでに底流している。国民国家は社会と融合しており、移民は文化的社会的な異物となる。この思考はさらに、国民国家は移民によって混乱させられるまで内的に同質的だったという主張にもつながる（Glick Schiller, Çağlar and Guldbrandsen 2006：613）。この文脈で国民国家概念とコミュニティ概念は入れ子であり、文化は国民国家 − コミュニティと相乗的に補強しあう。さらにいうなら文化は境界においてこそ意味を強め、とくに政治的性格にそれは顕著にあらわれる。

　したがって、境界を設定しないトランスナショナル空間の社会編成は、従来のコミュニティや文化という概念でとらえることができない。境界の中に閉じ込めたものでなく、混じりあい、競合しあうもの、単に流れ去っていくのではなく、相互交渉をなし、そのたびに再編成していく過程が問題になる。

　場所・空間は、このような問題認識を背景に上昇してくる。多元的連関をなす乖離構造を探求するために、アパデュライはスケープ（地景）という観点を導入し、複数のスケープが織りなす関係に注目していこうと主張した（Appadurai 1996a）。このスケープという観点は、流動的な社会形成をとらえるのに適しているだけでなく、見る者によって異なるヴィジョンを投影する

可能性も含むとオルブローは述べている（Albrow 1997）。

　グリックシラーらは、移民のエスニック・コミュニティという捉え方では、移民の作る多様で多元的な関係を十分にとらえることはできないとして、個々の移民のホスト社会への「編入」に問題を収斂していく（Glick Schiller, Çağlar and Guldbrandsen 2006）。ここで編入は、同化や統合に対置される概念として採用されている。同化や統合がひとつの社会というゴールを設定するのに対して、編入がめざすところは社会関係の構築でありその過程である。同化や統合がコミュニティの境界を問題にし、文化やアイデンティティという問いを帰結するのとは異なり、編入という接近方法では、間接的つながりや弱い紐帯（グラノヴェッター 2006）を社会関係資本とする社会関係の現場 social fields が注目されることになる。

　これまでの議論をふまえて、次節では民族誌の調査にもとづいてトランスナショナルな都市空間について考察していく。上に見てきたように、移民のつくるトランスナショナルな社会空間は、境界のある領域概念でとらえることはできない。その関係性を理解するうえで重要なのは、境界のなかでできあがる図ではなく——そのような図はできたとしてもすぐに形をかえる——、境界を越えてなされる交渉と交渉による関係編成であると考えられる。交渉によって新たな形が現れ、さらにそれが新たな交渉によってかわっていく過程は、移民の社会性や帰属を、エスニシティやコミュニティというカテゴリーを超えるものとして考察するように促す。

3. 叙　　述

　ここでは移民がどのように都市空間をとらえているのかを、移民が語ることばから探っていく。私の調査では多くの方にインタビューに協力していただいたが、ここではひとりの男性に焦点をあてる。主要登場人物をひとりに絞るのは、この人物の経験が他の人にくらべてとくに意味があるというわけ

ではない。個人がどのような経験をし、どのような立場から何を語るかについて、個別に考えることが大切だと考えるからである。何人もの人物について、個別の状況を丁寧にたどることは、小稿の範囲を超える構成を要するだろう。ほかの人物であればほかの語りがなされることを了解し、相対化する視線を確保したうえで、以下の記述をすすめていくことにする。

　なお、以下では「外国人」ということばが頻出する。それは「移民」という語よりも「外国人」という語が長くドイツ社会に流通していて、インタビューにおいてもこの語が用いられているからである。「外国人」Ausländer と「移民」Einwanderer, Migrant の違いは何か、どちらも異国の出自を持つ人であることはかわりないが、帰属において異なる。この国に帰属しないのが「外国人」であり、現在はここに帰属しているのが「移民」である。第二世代、第三世代という語は、ホスト国への帰属の意味を内包しており、ほんらい移民に用いられる語で外国人に用いるのは奇妙である。しかしドイツ国家は20世紀末まで「移民」を認めず、目の前にいるのは「外国人」だという公式見解をとってきた。国籍取得の条件が20世紀末まで厳しく設定されていたのも同じ理由による。小稿では、このような政治的な意味が込められていることを理解したうえで、ドイツの社会状況を描くのに必要な場合は「外国人」という語を用いる。

（1）　彼の名はイスメット

　ここで記述する主人公をイスメット（仮名）と呼ぶ。イスメットはトルコの黒海沿岸地方出身のクルド人で、40年ベルリンに住んでいる。12歳のときベルリンで働いていた父親のもとに呼び寄せられた。トルコにいれば12歳から働き始めたであろうが、ベルリンではなお3年の義務教育期間があり、当時設置されていた外国人子弟のためのクラスでドイツ語を学んだ。職業学習課程で1年間通った金属工の親方に気に入られて、職人修業を続けるよう勧められたが、父は認めなかった。父にとっては、子どもの将来よりいまわずかでも多く稼ぐほうが重要だった。若年労働者である3年間を父の働いてい

た造園会社で下働きするよう命じられ、正規労働者年齢に達してからも、そのまま働くよう言われた。明日はやめようと毎日思いながら今日に至った。その間に、故郷から妻を迎え、子どもを育て、孫もできた。住まいは12歳のときからずっとクロイツベルクである。自分の弟妹や妻の兄弟姉妹も結婚してクロイツベルクに住んでいて、日常的に行き来している。年金年齢を迎えた両親はトルコの故郷に生活の拠点を移したが、毎年ベルリンで数か月を過ごす。故郷にはイスメットの建てた家もある。

(2) 国境を超える家族

　父がドイツで働き始めたのは、イスメットがベルリンに来る2年前で、1年後に母を、その1年後に子供たちを呼び寄せた。子供たちは母が渡独してからの1年間を、叔父の家で世話になっていた。両親がドイツに働きに出ている子どもは少なくなかったから、両親の不在を特別の経験だと思ったわけではない。大人たちの不在は、ドイツ政府による外国人労働者募集に応じたものだった。

国境を超える家族成立の契機
　21世紀はじめのヨーロッパに多くの移民が生活することになった要因はいくつもあるが、外国人労働者の募集はその主要因のひとつである。1950年代半ばから70年代前半の高度経済成長期に、西ヨーロッパ各国の政府は深刻な労働力不足を補うため、外国から労働者を募集して各地に送り込んだ。ドイツはイタリアやギリシャなど南ヨーロッパの国々につづいて、トルコ、モロッコ、チュニジア、ユーゴスラビアと協定を結び、その帰結として宗教や生活スタイルを異にする人々が労働者として大量にやってきた。募集が停止されたのは、第一次石油ショックと同年の1973年で、それはイスメットの父がドイツにきた年だった。

　労働者がドイツにきた目的は、故郷の生活を豊かにするためのカネを稼ぐことだった。契約は2年で、数年働いたら故郷に帰る予定で出発した。ドイ

ツで働けば、自国で何年かかっても稼げない金額を短期間で稼いだから、留守のあいだ子どもの世話をすることも、家や畑の管理をすることも、故郷の親族が協力体制を組んで助けた。ドイツで稼いだカネの一部は故郷の親族のものだった。

　募集停止によって新たな労働者がやってくることはなくなったが、すでにドイツで働いていた労働者は帰国を控えるようになった。いちど帰国したら再入国する道は絶たれていることから、失業してもドイツにとどまって次の雇用を探すようになったためである。家族呼び寄せは、募集停止後に増加した現象である。イスメットの父もこの流れの中にいた。

　グラフ1は、1960年から1997年までのドイツに在住する外国人人口の変化

グラフ1　ドイツ在住外国人人口の変化：1960-1997

データ出典：Amtliche Nachrichten der Bundesanstalt für Arbeit ; Statistisches Bundesamt ; bis 1990 nur Westdeutschland

を示す。まず、外国人居住者数全体を見ると、1960年以前からも外国人は住んでいたが、60年代にその数が急激に増加している。60年代の増加は外国人労働者募集に起因する。1970年代前半から80年代末まで急激な増加は収まるが、ゆるやかな増加は続き、90年代にふたたび急激な増加傾向があらわれる。90年代の増加は東側ブロックの解体とユーゴスラビア紛争の影響による。60～70年代の増加が南から北への移動であったのに対し、90年代は東から西への移動だった。70年代から80年代にかけての漸増は、家族呼び寄せとその後の第二世代誕生を反映している。さらに1974年以降起こっている現象として、潜在的外国人労働者人口と社会保険加入就業者数の乖離があげられる。前者は横ばいから上昇しているのに対し、後者は緩やかに下降していて、90年代になってその隔たりは大きくひろがる。この隔たりはドイツにおける外国人の雇用状況の悪化を語る。

さて、単身の出稼ぎ者として会社の宿泊施設（ハイム）に寝台を与えられていた労働者たちは、家族を呼び寄せると、集合住宅に住まいを借り、街区の住民として都市に姿をあらわすようになっていった。

この新住民に対する国家の政策は、外国人に対する境界強化と統合支援のふたつの相反する性格をもっていた。境界強化は、外国人に対するさまざまな制限や嫌がらせにあらわれる。外国人に対する役所のあからさまに不機嫌な対応は、多くの人が経験していることである。統合支援は、外国人が都市生活に参加するようさまざまな支援や機会を提供するもので、ベルリン社会局に1981年に設置された「外国人嘱託委員会」Ausländerbeauftragteはその専門機関である。さまざまな相談に対して専門家が助言を与え、公的資源へのアクセスを支援する。

公的支援の有無にかかわらず、身の回りの家族や親族による助言や助力は、つねに大きな役割を果たす。外国人家族が築く緊密なネットワークは、しばしば生活の全般にわたる助け合いを実現する。このネットワークがあまりに強固であることが、ときにドイツ人社会に違和感を起こすことを、冒頭に言及した「平行社会」言説が示している。助言や助力のなかでも重要なも

ののひとつが、ドイツ語の活用能力である。役場や病院、隣人とのあいだで、日常生活の最低限の必要を満たすために、ドイツ語の運用能力は必須である。家族のなかで最初にドイツ語を使いはじめたのは子どもたちだった。少なからぬ家族が、子どもにドイツ語の通訳や翻訳をさせた経験をもっている。子どもが学校でドイツ語を習得することは大いに家族を助けたし、子どもに多くの機会を与えることになった。

　20世紀後半の外国人労働者の募集は、現代のドイツの都市風景の形成に大きな影響を与えた。さらに、トランスナショナルな都市の形成に、彼らの国境を超える家族のネットワークが重要な役割を果たしている。つぎにイスメットの家族の国境を超える世代交代の過程を見ていくことにしよう。

世代交代とトランスナショナルな展開

　イスメットの家族で第1世代はイスメットの両親、第二世代はドイツで生まれた子どもをさす。イスメット自身はトルコで幼少時代を過ごして12歳のときにドイツに来たので、その中間に位置するため1.5世代と呼ぶのが通例である。イスメットの子どもたちは第二世代である。

　第一世代がドイツに働きに出たのは1960〜70年代で、その目的はカネを稼ぐことだった。彼らにとってドイツでの生活の質は問題でなく、倹約して蓄えたカネはすべて故郷につぎ込むことが当然とされた。故郷に立派な家を建てることが目標になった。家族を呼び寄せてドイツでの家族生活がはじまれば、その生活は出稼ぎ単身者とは異なるものになる。それでも第一世代の人々は、めざす真の生活の姿を、将来帰国したのちの故郷に思い描いた。彼らは90年代に年金年齢に達し、トルコに生活の拠点を移した。イスメットの両親も、そのひとりである。彼らはベルリンではできるだけ倹約し、子どもたちの教育にも関心をもたなかった。そのかわりに、故郷に大きな家を建てて、その家で年金生活を送っている。

　第二世代は1970年代から80年代にかけてドイツで生まれて、ドイツの教育を受けた。家庭では両親の文化のなかで、学校ではドイツの教育制度のなか

で成長した彼らの経験は、親世代とはまったく異なるものである。言語だけでなく、家族関係、男女や長幼をめぐる行動様式、服装、食習慣、平等や権威についての考え方など生活の全般にわたってドイツとトルコの文化は異なるものであり、そのふたつの文化のあいだで第二世代は成長している。第一世代にとって真の生活は故郷にあるが、第二世代にとってよりリアリティがあるのはドイツである。トルコで豊かに生活するためにドイツで倹約する第一世代の行動様式は第二世代には合理的なものとは思えない。

　ところで、第一世代が帰国する90年代は、第二世代が結婚年齢を迎えて第三世代が誕生しつつある時期に重なった。第二世代の結婚では、少なからぬ若者が相手をトルコの故郷から迎えた。結婚を家族の問題ととらえるトルコの伝統的な家族観では、子どもの結婚相手を同郷の家族から迎えることはあたりまえとされており、ベルリンで生活する第一世代の親にとっても、大いに好ましいことだった。

　その場合の結婚生活への入り方は、次のように進められた。家族同士で日程を十分に打合せしたうえで、まず故郷の役場に結婚の届けを出す。半年ほど経過したのちに、ドイツで生活する一族が休暇を利用して故郷に戻り、盛大な結婚式の祝宴を開く。数週間の休暇を過ごした後、ドイツの一族は新しい家族をともなってドイツに戻る。故郷からやってきた結婚相手は、ここではじめてドイツの地を踏み、ドイツ語とドイツの習慣をゼロから学ぶことになる。結婚の届けから結婚生活の開始まで半年以上の時間をかけるのは、家族呼び寄せの制度を使って結婚相手を迎えるためである。配偶者として家族呼び寄せを認められるのは、結婚後一定の期間が経過している者に限られる。イスメットの長女と次女も、このようにして故郷から夫を迎えた。こうして迎えた結婚相手は、当然のことながら、十分なドイツ語能力をもっているわけではない。生活の全般にわたって周囲の者が助力することが必要になる。

　第二世代のこのような結婚が、ドイツの家族と故郷のつながりを更新し深めることはたしかである。第二世代の結婚相手と入れ替わりに、第一世代は

年金年齢を迎えて故郷に生活の拠点を移す。ただし第一世代の生活はベルリンから完全にトルコに移るわけではない。年金生活者の多くはドイツの保険に加入しており、毎年ベルリンを訪問して健康診断や友人訪問をしながら数週間以上を過ごす。イスメットの両親は毎年ベルリンを訪れ、イスメットの末弟の住まいで数か月以上滞在するのが常である。いっぽう、第二世代の多くは故郷に自分の家を建てはじめていて、故郷で過ごす休暇は、その家に滞在しながら建築中の家を完成に近づけていく機会でもある。イスメットも故郷に自慢の家を建ててあり、いつでも帰郷できる。このように国境を超える家族の世代交代は、二つの国にまたがって展開する。

（3） イスメットの見たベルリン

前節では国境を超える家族の形成を見た。ここでは彼らに都市空間がどう見えているか、イスメットの語りをたどっていく。

外国人の集住

図1はベルリンの在住外国人の人口比を、統計区ごとに図示したもので、一方は1974年の西ベルリン時代、他方は20年後の東西ベルリン再統一後である。1974年は外国人募集停止の翌年にあたる。東西再統一直後の1990年代初頭には外国人排斥が社会問題化し、旧東ベルリンで多くの暴力事件が起きた。東西ベルリン統一後に、旧東ベルリンに住み始めた人々が旧西ベルリンにもどるという動きも起きた。このような過程を経て、1974年に外国人人口がとくに多かった地区は20年たっても変わらず多かった。

1970年代にここに外国人が集住した要因は当時の住宅事情によっていた。外国人家族が住む住宅を見つけることは容易でなく、再開発の取壊しのためにドイツ人の新たな入居は認められていない建物が外国人に貸与された。結果としてティアガルテン、ヴェディング，クロイツベルクの外国人居住者が急増した。ゲットー化を恐れた行政は，三区に対する外国人の移住禁止Zuzugssperreを措置して1975年から1990年までつづいた。その後、外国人

の居住域は広い範囲に広がる傾向にあり、以前ほど際立ったものではなくなりつつある。それでもクロイツベルクやヴェディングには多くの外国人が住み続けて今日にいたっている。

外国人の集住という側面は、一方に多文化的でエキゾチックな街区もつくりだす。1970年代から80年代にかけて、西ベルリンには、外国人だけでなく若者や芸術家が多く住んで独特の都市文化が育った。クロイツベルクはとくにオルタナティヴな文化の中心的な場所として知られるところとなった。1990年代半ばから2000年代にかけて、多文化的な街区はますます人気を博してジェントリフィケーションを呼ぶ傾向もあらわれているが、その一方で、外国人や移民が多く、学校崩壊が起こっていること、低所得者や失業者が多く、社会福祉の受給者がひじょうに多いことも変わっていない。

クロイツベルクとツェーレンドルフの対比

ベルリンの空間をイスメットはどうとらえているだろうか。イスメットはベルリンの都市を俯瞰する視線をもっている。造園の現場監督を務める彼は、自動車を運転してベルリンじゅうの道路を毎日走っており、その状況に関心をもっている。街区や道路に関する彼の知識は、地図のように正確で地図より詳しい。道路の勾配や障害物、周辺にどのような樹木や緑地があるかという知識は、顧客の信頼を得るのにも役立っている。

ベルリンは彼の想像界ではクロイツベルクとツェーレンドルフの対比を軸として語られる。たとえば次のような具合である。

> 我々の女性たちはスカーフをつけているし、自分の髪は黒い、それがここでは悪いことだ。あんた（聞き手の森）はベトナム人に顔が似ているから悪いといわれる。ツェーレンドルフはきれいな街だ、金持ちが住んでいる。でも妻は不安でそこを夜一人で歩くことはできない。散歩しているドイツ人が妻にイヌをけしかけるかもしれないからだ。それにひきかえクロイツベルクは安心だ。犯罪が多いと言われるが、妻は夜遅く

第Ⅲ部 都市におけるセグリゲーション

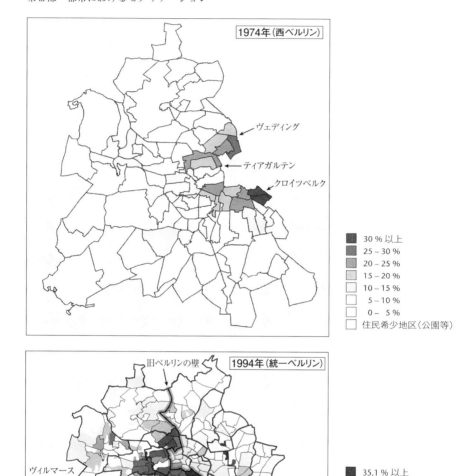

図1 外国人住民の割合
データ：Statistisches Landesamt Berlin（1974.12.31.；1994.12.31.）
出典：(Hg.) Senatsverwaltung für Stadtentwicklung, Umweltschutz und Technologie Berlin, 1995.
Migration Berlin : Zuwanderung, gesellschaftliche Probleme, politische Ansätze.

なっても、弟の家からひとりで帰ってくる。まったく心配する必要はない。自分がトルコに行っているあいだ3週間留守にしていても安心していられる[2]。

　ツェーレンドルフは、ベルリンの南西部に位置する郊外で、戸建ての邸宅が並ぶ。外国人人口はひじょうに少ない。隣接するリヒターフェルデ、ヴィルマースドルフも同様の富裕な地区で、イスメットにとってこれらは同じ性格の地区である。ツェーレンドルフはイスメットの会社が所在する地区で顧客も多い。リヒターフェルデは15歳のころ金属工の親方のもとに一年間通った。冬まだ暗い早朝に人通りの少ない道でイヌを連れて歩いているドイツ人に会うのが怖かったという。

　イスメットは、しばしばイヌをけしかけられる不安について言及する。イヌをけしかけるドイツ人としては、ナチスのユダヤ人に対する嫌がらせが有名である。イスメットがそれを意識しているのかどうかは不明だが、この話をするときの彼はユーモアでも皮肉でもなく真剣で、実際にイヌに襲われなかったとしても、それをほのめかす嫌がらせを受けた経験はあるのかもしれない。

　ヴィルマースドルフでもさまざまな経験がある。作業のあいだに10分のタバコ休憩をとっているだけで、労働者がさぼっていると会社に電話を入れるドイツ人がいる。小型トラックを使って建材をピストン輸送していたところ、舗道の敷石が壊れるから人の力で運べといわれたこともある。ドイツ人労働者であれば認めることを外国人労働者には認めようとしない嫌がらせをしばしば経験する。人より石のほうが大事だというドイツ人を、イスメットは人間と思えないという。

---

[2]　付言すると、私の経験において、面前で悪いと言われたことはない。だが、地下鉄の駅で私を見た人たちが一斉に警戒した表情を示したという経験はある。その地下鉄駅では通りがかりの人に声をかけて闇でたばこを売るアジア人の姿があったことから、イスメットの言わんとすることは想像できる。

こうした経験を、イスメットがその場所とともに記憶していることは興味深い。そのなかには次のような経験も含まれている。

　夏のアルバイトでツェーレンドルフの医学生がやってきたが、彼は手押し車さえ押せない若者だった。フライドチキンをナイフとフォークで食べ、地面にじかに座ることもできなかった。それでもイスメットの作業員たちは忍耐強く彼に仕事を教え、彼は喜んで翌年もやってきた。この医学生は、子どもが生まれた喜びから仲間に食事を奢る作業員の姿に、とくに感心していた。そしてイスメットのチームからいろいろ学んだことに感謝していた。

　イスメットは、自分たちが誠実な働き者であると自負していて、ツェーレンドルフの若者がそれを認めたことに大いに満足したのだと思われる。

場所感覚

　ツェーレンドルフに対してクロイツベルクは安心できるところだとイスメットはいう。それは疎外や不安の対極にあり、身体的な近さや親しさをそなえている。そのような近さや親しさをもたらしたのは、クロイツベルクでのさまざまな経験であったろうと思われる。少年時代のクロイツベルクについて、イスメットは次のように語る。

> 　ベルリンに来てクロイツベルクに住んだ。隣人はドイツ人の若者だったが、髪が長く、ドアをあけるとタバコと酒が臭かった。毎日違う女性が彼のところに来ていて、この男と同じトイレを使わなければならないことが嫌だった。
> 　大規模な再開発が計画されていて、取り壊しを待っている建物がいくつもあった。夜、父とともに手押し車を押して行って、そういう家の木の部分をはがして持ち帰った。薪にして燃やすためだ。合法ではなかったが誰もがやっていた。

　イスメットは、自分が住むところは、ベルリンならクロイツベルクで、それ以外は考えられない。しかもその範囲はかなり限定されていて、東はM

移民が語る都市空間

写真1　クロイツベルクの街並み（筆者撮影　2003年6月）

通り、西はO広場、北はK通り、南はP運河で囲まれた内側だという。東西約800メートル、南北約1300メートルほどの区画で、これはじつはイスメットが少年時代から住んでいた範囲と一致する。両親は何度か住まいを変えたが、それはつねにこの範囲に含まれていた。

　イスメットは、クロイツベルクでさまざまな経験を積み重ねてきた。アパデュライが述べたように、経験は通過儀礼として作用し、新しい場所に新しい存在を植え付けていく。ここで生産されるのが特定の集団やコミュニティとの関係ではなくて場所との関係であること、クロイツベルクという場所の名前で語られることに注意したい。

　イスメット自身も結婚後、何度か住まいを変えているが、それもこの範囲のなかでの移動である。イスメット夫妻には6人の子どもがあり、上のふた

第Ⅲ部　都市におけるセグリゲーション

りの娘はすでに結婚しているので、現在は妻と4人の子どもの6人家族である。長女と次女のそれぞれの家族のすまいは同じ通りの向いと隣家にある。イスメットの3人の弟妹、妻の5人の兄弟姉妹も、それぞれ家族を構えてこの範囲内に住んでいて、合計で11世帯になる。それぞれは夫婦と未婚の子どもの世帯であるが、日常的に女性同士、男性同士がともに行動することが多く、その全体は拡大家族のようにみえる。イスメットはその全体の家長ともいえる立場にある。

　イスメットは、クロイツベルクのここに彼の場所をつくっているのだと私は考える。通過儀礼に該当する経験をいくつも積み重ねたこの場所において、彼は自分の身体を場所と結ぶ。ツェーレンドルフはこの場所との対比において語られるが、イスメットはツェーレンドルフでの経験を自らの身体と結ぶもの（通過儀礼）としてはとらえていない。イスメットがベルリンと結ぶのはクロイツベルクのこの場所を通してである。場所は空間上の位置を示し、その位置からベルリンの見知らぬ人々の世界とのつながり方、距離が与えられる。

故郷

　イスメットにとって故郷はひじょうに重要である。クロイツベルクが彼のベルリンでの場所であると述べたが、クロイツベルクに居ながら、故郷もまたイスメットの想像界に存在している。

　まず、ベルリンに住むイスメットが故郷とどのような関係を維持しているのか、見ておこう。黒海沿岸に位置する故郷はクルド人の村で、村の住民の大半が親族関係にあるという。現在はベルリンから移ったイスメットの両親が村に住んでいて、両親の家の隣にイスメットの建てた家がある。その隣に妻の母親の家もある。

　イスメットも子どもたちも、できるなら毎年故郷に帰りたいと思うが、実際には1年おきくらいである。帰郷するときは自動車を使うことが多く、友人たちと車を連ねて、数日をかけてピクニックしながら帰る。

ドイツ人は故郷に帰ることを遊びとしか考えていないが、イスメットにとっては必要不可欠なことで、帰郷しないと命が枯れてしまうという。帰郷中に親族や友人を訪問したり結婚式に出席したりすることにも重要な意味がある。

さらに、イスメットにとって故郷が世界とつながっていることにも注意しておきたい。イスメットがベルリンで働いているのと同じように、故郷の少なからぬ人が、世界のさまざまな都市で働いている。夏の休暇シーズンは彼らが帰郷して再会する機会でもある。日が暮れると、人々は毎晩誰かの家に集まり、食事をとりながら情報交換をする。誰の家に集まるかは、交代である。ヨーロッパやアメリカで働いている人たちの実体験による情報は詳細で正確である。トルコの村から世界が見えてくる。

ハッジ

もうひとつイスメットの世界観を考えるうえで重要な意味をもつのはハッジ巡礼の経験である。彼は34歳のとき妻とともにハッジ巡礼をした。この年齢でのハッジ巡礼は例外的に若く、妻は当初消極的であったが、イスメットは体力のある若いうちにできるだけ多くを見たいと考えた。イスメットはハッジで世界中から集まってきた人々を観察し、彼らを通して世界の国々について知ったという。

（4）ローカリティを生産する

イスメットの語りは、彼が何を経験しそれをどうとらえているかを表現する。そこから私が注目するのは、彼が自分の立ち位置を、そのつどの経験を積みながら選び出し、つくりあげていくことである。それは横柄なドイツ人社会への批判や抵抗を含みながら、同時にドイツの理性に尊敬を払い、故郷を深く愛してイスラームへの信仰を深めながら、原理主義には距離をおく。さまざまな出来事があるたびに、その場その場で状況を判断し交渉して自分の立ち位置を選び取っていく。そのような交渉と選択をなしている例とし

て、ここではドイツ国籍取得、経営戦略の工夫、家族関係への視線について述べよう。

ドイツ国籍

イスメットが36歳のとき、ドイツ国籍をとる条件が緩和されて、国籍取得の機会が訪れた。国籍を取得する条件を満たしていてもとろうとしない人もいるが、イスメットはそうでなかった。イスメットにとって国籍の意味はふたつある。第一は、政治に関心があり、自分の意見を表明する手段（選挙権）をもつ必要があると考えるからだ。彼の政治への関心は外国人政策である。選挙民として批判的に意見を述べるイスメットの姿勢は、たしかに市民社会のメンバーのものである。第二は、より実際的な理由で、ドイツ国籍があれば帰郷のたびにビザを取得する必要がなくなるからである。帰郷のたびに300ユーロ以上余計な経費をかけていたのを節約することには十分な意味がある。

国籍を取ったことが、ドイツ人社会に自らを一体化させることと結ばないことに、注意しておく必要がある。ときどき腹立たしい思いをするたびに、彼は「国籍を返上しようか」と思う、という。

経営戦略

イスメットの造園会社では、社長が事務所を守り、現場をイスメットにまかせている。ドイツ人の社長は二代目で、イスメットは彼が少年のころから知っている。仕事の知識も経験も豊富なイスメットは、会社にとって重要な存在であり、みながそれを認めていることにイスメットは満足している。顧客の電話に対応するのはドイツ人であるほうが客は信用することもイスメットは意識している。現場作業をする8名の作業員は、イスメットが監督になってから数年のうちに外国人だけの構成になった。そのなかに娘婿と妻の弟も含まれている。

イスメットは会社が契約を受注するための戦略でも主導的な役割を果たし

移民が語る都市空間

写真2　クロイツベルクのストリート風景 〔筆者撮影　2008年9月〕

ている。2000年代以降の施策により、大口の契約は専門業種に分けることをしないで複数種の工事を一括受注するようになった。大企業に有利で、多くの中小専門会社が窮地に追い込まれていった。イスメットはこの危機に、自らの友人のネットワークを動員し、異業種の職人が協力して施工する体制をつくりだして対抗している。受注するのはひとつの会社であるが、実際に作業するのは2、3の複数の会社が得意分野を分担するという体制である。これがうまく機能するためには、誰がいつどのくらいの仕事を請け負えるか、つねに最新の情報をつかんでおくことが必須である。興味深いのは、イスメットと仲間たちがその情報交換の場を、クロイツベルクの街角にあるパン屋での朝の立ち飲みコーヒーに設定したことである。自宅で朝食をとってから毎朝15分、彼らはパン屋で顔を合わせて、いまどのような仕事を受けているか、どのような仕事がありそうか情報交換する。クロイツベルクに展開する移民の労働者のネットワークが、大手企業に対抗しているのである。

家族への視線

家族関係については、個人主義のドイツと家父長的な権威を重んじるトル

コやクルドの違いは顕著である。ドイツに暮らす第一世代が故郷の文化を大切にするのに対して、ドイツ文化の中に生まれ成長した第二世代は、その齟齬に直面することになる。イスメットの父に対する視線と娘に対する視線にも、そのような揺れが見える。

父の誇り

　イスメットは責任ある仕事をし、家長として一族のめんどうもよく見ていて、自他ともに認める成功者である。イスメットの父は、そういう息子を自慢しているが、イスメットは、それには違和感をもっているという。イスメットは、今日の自分がドイツでやっていることの8割は、12歳のときにドイツの学校で習ったことがもとになっていて、あとの2割は自分で開拓してきたものだという。第一世代の人たちは教育に関心がなかった、と控えめにいうが、父が自分に与えたものはほとんどない、という内心の意識は強い。イスメットがこのように考えるのはまったく正当であるが、そのような考え方もまた、イスメットがベルリンで学んできたものであるといえよう。教育について父と異なる意見をもっていることは、自分の子どもの教育を考えるときにあらわれる。

娘のスカーフ

　イスメットは5人の娘を育てて最後に息子を得た。上の子どもの子育てで知らなかったことがあるが、それを下の子どもで生かしているという。学校教師が、外国人の子どもに多くを期待しない傾向があることを痛感した。そこで下の子どもには、教師に従うよりも、より積極的に可能性をのばす機会を与えようとしている。とくに利発な5女には、大学進学も期待している。ところで、現在11歳のその5女がスカーフをつけたいと言ったとき、イスメットはそれを許さなかった。12歳になると、学校でスカーフについて議論する授業がある。それを過ぎて、自分で考えることができてからにするべきだというのがイスメットの考えである。長女も次女も10歳のころにつけたい

と言ったが、やはり許さなかった。それでもイスメットの家族の女性たちは、ある年齢に達すれば、みなスカーフをつけることになることは想定している。「5女は、我が家で最初のスカーフをつけた大学生になるかもしれない」とイスメットは5女への期待を表現した。

娘を監督する

イスメットは、娘に高い教育を期待し、スカーフについても自ら考えて行動することを期待しているが、そのいっぽうで、娘が自分の監視下から逸脱しないように注意している。娘にかかってくる電話は気を付けているし、コンピュータを自分の留守中に娘が使うことのないように、ウェブ接続の機会は厳しく限定している。イスメットにとってコンピュータこそ娘を危険にさらすものである。長女と次女はすでに子どもをもつ母親であるが、イスメットはしばしば見回りをして、婿が帰宅しているかどうか窓の外から確認しているという。

娘を監督下におくイスメットの行動は、ドイツ人からはきわめて家父長的に見えるが、一方で娘たちが自分の考えを持つことや教育を積むことを期待しているところは、家父長的なクルドの父親像とはかなり異なるのである。

4. 結びに代えて──トランスナショナルな都市の場所について

小稿では現代世界のトランスナショナルな都市に生活する移民が、自分の生きる世界をどのようにとらえているのか、移民の語ることばをたどりながら考えた。事例としてとりあげたのは、ベルリンに住む1.5世代のイスメットである。イスメットは40年にわたってベルリンに生活し、ここに生きるという意識をもっているのであるが、同時に、ホスト社会からは外国人と呼ばれて、自分はドイツ人社会に帰属する者ではないという意識ももっている。この相反する意識を包含して、イスメットが自分の生きる世界をどのように

想像しているのか考えることが小稿の課題だった。

　まず、国境を超える家族がいかに形成されてきたかをみた。それは20世紀後半のドイツ経済の要請から起こった外国人労働者の募集から生まれて、その後の政治経済と家族の世代交代との合成物としてあらわれた。国境を超える家族はベルリンとトルコの故郷の双方にわたって展開しており、ベルリンとトルコ双方に足場をもっている。

　都市空間に関するイスメットの語りにおいて特徴的なのは、クロイツベルクとツェーレンドルフを対比的にとらえる軸である。人口統計から見れば一方は外国人が集住し、他方は外国人住民がとくに少ない、住民の社会階層から見れば一方は労働者の集合住宅が密集し、他方は郊外の富裕者層の邸宅が多く、たしかに対照的である。だが、イスメットにとって両者の違いは、そのような統計的なデータだけでは語りきれない。二つの地区の人間関係のつくり方や寛容さなど道徳や価値に関わる違いが、語りにこめられる。ツェーレンドルフ（とその周辺）との対比において、クロイツベルクは豊かな人間味のあふれた場所としてあらわれてくる。イスメットが自分の居場所を見出すのはこのクロイツベルクという場所である。

　場所はコミュニティや集団とは異なる。場所には名前があり、想像界において特定の位置を占めるものであるが、それはコミュニティや集団のように、閉じた領域として想像されるものではない。排他的に領有されるものではないから、境界や排除という考え方そのものが場所には起こらない。したがって帰属やアイデンティティの参照先にもなりにくい。

　トランスナショナルな都市に生きる移民——場合によっては外国人と呼ばれてホスト社会から排除される——に帰属という考え方は適合しないが、それでも彼らが「ここ」に生きるという参照点は必要である。それが特定の位置としての場所であるといえよう。場所という考え方にたつならば、故郷もまたイスメットの想像界において豊かな意味をもつ場所である。イスメットにとって故郷は、境界のある領域として想像されているわけではない。クロイツベルクや故郷という場所は、イスメットの身体とつながっており、イス

メットはこの場所を介して世界とつながることができる。トランスナショナルな都市の場所は世界に対するパースペクティヴを与える座となっているのである。

〔参考文献〕

Albrow, Martin. 1997. Travelling Beyond Local Cultures: Socioscapes in a global city. In *Living the Global City*, ed. by John Eade. London: Routledge: 37-55.

Appadurai, Arjun. 1996a. Disjuncture and Difference in the Global Cultural Economy. In *Modernity at Large: Cultural Dimensions of Globalization*, Minneapolis: University of Minnesota Press, 27-47.

Appadurai, Arjun. 1996b. The Production of Locality. In *Modernity at Large: Cultural Dimensions of Globalization*, Minneapolis: University of Minnesota Press, 178-199.

Çağlar, Ayşe. 2001. Constraining metaphors and the Transnationalisation of spaces in Berlin. *Journal of Ethnic and Migration Studies* 27 (4): 601-613.

Glick Schiller, Nina., Ayşe Çağlar, and Thaddeus C. Guldbrandsen. 2006. Beyond the Ethnic Lens: Locality, Globality, and Born-again Incorporation. *American Ethnologist* 33 (4): 612-633.

Gupta, Akhil and James Ferguson. 1997. Beyond 'Culture': Space, Identity, and the Politics of Difference. In *Culture, Power, Place: Explorations in Critical Anthropology*, ed. by Akhil Gupta and James Ferguson. Durham, N.C.: Duke University Press, 33-52.

Jurgens, Jeffrey. 2001. Shifting Spaces: Complex Identities in Turkish-German Migration. In *New Transnational Social Spaces*, ed. by Ludger Pries. London: Routledge, 94-112.

Massey, Doreen. 1993. Power-Geometry and a Progressive Sense of Place, In *Mapping the Futures: Local Cultures, Global Change.*, ed. by John Bird et al.. London: Routledge, 59-69.

Massey, Doreen. 1994. A Global Sense of Place. In *Space, Place and Gender*, Minneapolis: University of Minnesota Press, 146-156.

Smith, Michael. 2002. Power in Place: Retheorizing the Local and the Global. In

第Ⅲ部　都市におけるセグリゲーション

　　　Understanding the City : Contemporary and Future Perspectives, ed. by John Eade and Christopher Mele. Oxford : Blackwell : 109-130.
グラノヴェッター，マーク S. 2006［原著 1973］.「弱い紐帯の強さ」『リーディングスネットワーク論―家族・コミュニティ・社会関係資本―』所収，野沢慎司編訳，勁草書房.
ハーヴェイ，デヴィッド. 1999［原著 1992］.『ポストモダニティの条件』青木書店.
森　明子. 2014.「新しいネイバーフッドの形成―ベルリン・クロイツベルクの事例―」『ヨーロッパ人類学の視座―ソシアルなるものを問い直す―』所収，森明子編，世界思想社，79-105.

嫌われた住宅地の社会史
―― ブルーノ・タウト設計「森のジードルング」

北 村 昌 史

はじめに

　ル・コルビジュエやミース・ファン・デル・ローエに代表されるように、戦間期ヨーロッパでは、住宅建築についてモダニズム建築と称される動きが見られた[1]。コンクリートやガラスといった新素材の積極的使用、直線的・合理的な設計などの点で、第一次世界大戦前までの、石やレンガ造り、装飾の多い設計による住宅建設とは一線を画したものである。こうした新タイプの一般大衆向けの住宅地が都市の郊外に造られるようになり、それは、当時のドイツでは「ジードルング」と呼ばれた[2]。本稿は、ドイツの建築家ブ

---

1) ブランデル−ジョーンズ. 2006。
2) ヴァイマル期ベルリンの代表的ジードルングについては *Vier Berliner Siedlungen der Weimarer Republik*. 1987、フランクフルトについては後藤俊明. 1999、第6章参照。

第Ⅲ部　都市におけるセグリゲーション

ルーノ・タウト（1880-1938年）が、ベルリン南西部郊外に1920年代後半に設計した森のジードルングに焦点を合わせ、モダニズム建築による住宅地に社会史的分析を試みる[3]。具体的には森のジードルング住民が、1929年から1932年まで青少年の施設を作るために開催した祭、フィシュタールの祭りに分析を加え、住民がどのような社会を作り出そうとしたのかを検討する。フィシュタールとは森のジードルングのそばにある公園の名称である。

　タウトにかぎらず、この時期に活躍した建築家についての研究では、建築史の観点からの建物や思想の再構成に重点が置かれ、本稿が試みるような、住民の生活など社会史的関心は希薄であった[4]。こうした傾向は、住宅政策に焦点を合わせる傾向にある、当時の住宅をあつかう研究全般についていえる[5]。当時の住民が開催した祭りについても、筆者による森のジードルングの祭りに関する研究[6]をのぞけば、タウトの代表的な建築物である馬蹄形ジードルングについてのホルシュテンの研究がようやく世に問われたところである[7]。ツェーレンドルフの地域史の叙述の中でも、フィシュタールの祭りは、「有名な」と記されてきた[8]が、体系だった分析はおこなわれてこなかった。筆者は、既に森のジードルングに社会史的分析を加えたことがある[9]。その際、森のジードルングの歴史的背景を理解するために重要な論点として指摘したのが、このジードルングが、建設中から社会的緊張のもとにおかれたことであった。

3）　森のジードルングについては、Jaeggi. 1987：Silbereisen. 1992：Dannenberg. 1989 参照。

4）　たとえば、ブルーノ・タウトに関する研究については、北村昌史．2017参照。近年の都市史研究では、建築史と社会史の融合が図られている。北村昌史．2014参照。

5）　Baade. 2004

6）　北村昌史．2015a および2015b 参照。

7）　Holsten. 2016

8）　Silbereisen. 1992；Dannenberg. 1989

9）　北村昌史．2015a および2015b 参照。

嫌われた住宅地の社会史

　まず、帝政期以来の邸宅が立ち並ぶツェーレンドルフに一般大衆向けの住宅を建てたために、周辺住民や区の行政との間に軋轢が生じた。次に、1920年代後半のドイツ建築界を二分した、新傾向の平屋根と伝統的な切妻屋根のどちらがよいかをめぐる、屋根戦争に巻き込まれる。1928年、平屋根の森のジードルングに隣接して切妻屋根のジードルング、フィシュタールのジードルングが意図的に建てられた。こうした建築様式の違いのみならず、森のジードルングを建てた GEHAG（Gemeinnützige Heimstätten-, Spar-und Bau-Aktiengesellschaft、公益的住宅・貯蓄・建築株式会社）は労働者を対象とし、社会民主党を背景にもち、フィシュタールのジードルングを建てた GAG-FAH（Gemeinnützige Aktien-Gesellschaft für Angestellten-Heimstätten、職員層の家屋のための公益的株式会社）は、職員層を対象とし、右翼政党や民族主義的政党と関係をもっていた。ヴァイマル共和国に見られた様々な社会的対立が、このジードルングに集約していたといえる。

　筆者は、フィシュタールの祭りにはこうした社会的緊張を解消する目的もあったことをすでに明らかにしている。その際に祭りのプログラムなどには立ち入った検討を加えなかった。その祭そのものについての検討が本稿の課題である。史料としては、最初の祭りのプログラムについては馬蹄形ジードルング住民が発行した週刊新聞『住宅共同体』に掲載され[10]、2年目の1930年から32年までは森のジードルング住民によるパンフレットが刊行されている[11]。フィシュタールの祭りについての分析結果の位置づけを明確にするために、ホルシュテンの研究が明らかにした馬蹄形ジードルングの祭りの情報も参照する。

---

10) *Wohngemeinschaft. Das Blatt der Großsiedlungen*, 3-35, 1929

11) パンフレット（*Fest im Fischtal*）は、ツェーレンドルフ郷土博物館 Heimatmuseum Zehlendorf の文書室に所蔵されている（Ortsarchiv-Zehlendorf Mitte : Rep. 35）。

第Ⅲ部　都市におけるセグリゲーション

1. ジードルング建設の歴史的背景

　本章では、ヴァイマル期にジードルング建設が活性化した背景や森のジードルングを説明する。

　ブルーノ・タウト[12]は、1880年にケーニヒスベルクで生まれ、1908年にベルリンで開業する。第一次世界大戦前の代表的建築は、ベルリン南東部郊外ファルケンベルクの田園都市であるが、切妻屋根の田園都市風のコッテージによるもので、後年のモダニズム建築によるものとは趣が異なる。大戦期には建築家としての仕事はなく、戦後、1920年代前半にマクデブルクの都市計画の責任者となったが、十分な活動ができなかった。タウトによるモダニズム建築が開花したのは、マクデブルクの職を辞し、ベルリンに戻った1924年から日本に亡命する1933年までのことである。この時期に、改革住宅はベルリン全体で13万世帯分建てられたが、彼自身の報告によると、森のジードルングや馬蹄形ジードルングをはじめ、タウトは１万２千世帯分の住宅を設計している。

　19世紀以来の都市化によるライフラインの整備が、こうしたジードルング建設を成り立たせる要因といえる[13]。19世紀中葉以来、ベルリンではガス、上水道・下水道、さらには19世紀末には電気の拡充が進み、ジードルングの設計はこうしたライフラインの発展を前提としたものである。とりわけ、20世紀に入ってから急速に進んだ路面電車や高架・地下鉄道の建設による交通網の発展が重要である。交通網が拡充する以前のベルリンでは市内に

---

　12)　タウトの伝記としては Junghanns. 1998が、現時点での決定版であり、邦語では蔵田周忠、1942と高橋英夫. 1991年が安定した情報を提供する。簡潔には北村昌史. 2017、第１章。

　13)　19世紀ベルリンの都市化とライフラインの整備については、北村昌史. 2007、66-69頁。

過密な賃貸兵舎と呼ばれる5、6階建ての集合住宅が乱立した。これは、道路に面した建物だけではなく、敷地の奥にも住居用の建物を建てたもので、通風や採光の面で問題があると認識された[14]。徒歩が主たる交通手段であった時代では、一つの土地区画にできるだけ多くの住民を収容する方向に住宅建設がおこなわれたのである。ヴァイマル期になって、交通網の発展により郊外に住宅地をもうける発想が現実的なものとなったといえる。モダニズム建築による住宅建設は第一次世界大戦前に萌芽がみられ、大戦後に開花したものである[15]が、その背景にはこうした19世紀以来の都市社会の変貌がある。

　より短期的にみると、当時の住宅建設の活性化にとって重要なのは、以下の四点である[16]。

　第一に、1924年、家賃の増加分に課税する家賃税が導入され、家賃税による財源が公益的性格をもつ住宅建設組織に流入した[17]。第二に、当時のベルリン市議会は左翼政党が過半数を占め、こうした市の政治状況が住宅建設を後押ししている[18]。第三に、1920年にベルリンと周辺の自治体が併合し大ベルリンを形成し、面積が13倍に、人口が200万から387万とほぼ倍近くに増えている。森のジードルングのあるツェーレンドルフも、馬蹄形ジードルングのあるブリッツも、この時にベルリンに併合された[19]。最後に、19世紀後半のベルリンの典型的な住宅である賃貸兵舎への批判が高まったことがあげられる[20]。

　この時期のタウトの建築は、次の四つに分類できる。①開発の進んだ地域

---

14)　賃貸兵舎については、北村昌史. 2007、70-77頁参照。
15)　ブランデル-ジョーンズ. 2006参照。
16)　ここで論じる背景について詳しくは、北村昌史. 2015b、410-412頁参照。
17)　家賃税については、後藤俊明. 1999および永山のどか. 2013参照。
18)　Ribbe (Hg.). 1986, S. 847.
19)　Schwenk. 2002, S. 260.
20)　たとえば、Hegemann. 1933が当時の賃貸兵舎批判の代表的なものである。

の空いた土地区画の、おおむね一つないしは数軒の建物だけの集合住宅、②複数の集合住宅のみからなる大規模ジードルング、③二戸一や連接住宅など一戸建てに近い構造の建物からなるジードルング、そして④集合住宅と連接住宅を組み合わせた大規模ジードルングである。森のジードルングも馬蹄形ジードルングも四番目の類型である[21]。

40か所近い、タウト設計のジードルングのベルリン市内での地域的分布[22]を見ると、19世紀以来比較的労働者の多いベルリンの北西、北東、南東、そして南部に主に散在している。森のジードルングは、例外的に帝政以来富裕な階層の居住地であったベルリンの南西部に位置し、他方馬蹄形ジードルングは労働者地区の南部に建設されている。

森のジードルングは、大きく七期に分けて建設された[23]。最初の四期は、26年から28年にかけてで、その際に建てられたのは二階建ての集合住宅と地下一階地上三階の連接住宅であった。1929年に建てられたのが、連接住宅群で、最初に建てられた地域からは、同年開業の地下鉄を挟んで反対側にあった（第5期）[24]。これに続いて、この連接住宅群と地下鉄線路の間に3階建の集合住宅が建てられた（第6期）。最後に連接住宅群の西側の三角形の土地に3階建の集合住宅が建てられたのが、1930年から32年にかけてである（第7期）。全体で1917世帯が入居できたが、そのうち1592がタウトの設計である。住民は、官吏や職員層などの中間層が中心であった[25]。

---

21) タウトのジードルングの類型分けについては、北村昌史. 2015a、229頁および北村昌史. 2015b、412-414頁参照。ベルリンに建設されたタウトのジードルングすべてについて、Deutscher Werkbund Berlin e.V. (Hg.). 2005が、近年の調査も踏まえた研究成果をまとめている。

22) 北村昌史. 2009、90頁。

23) 建築の過程などについてはJaeggi. 1987.；Silbereisen, 1992, S. 129-133；Dannenberg. 1989参照。

24) Pitz, Brenne. 1998.

25) Silbereisen. 1992, S. 129.

章を改めて、ホルシュテンの研究に依拠して馬蹄形ジードルングの祭りについてふれておこう。

2. 馬蹄形ジードルングの祭り

（1） 1929年

馬蹄形ジードルング[26]は、ベルリン南部のブリッツ地区において、森のジードルングより若干早く、1925年から建設が開始され、七期に分けて1963世帯分の住居が建設されている。三階建ての集合住宅に1556戸、連接住宅に407戸である。設計上の大きな特徴が、中心部の3階建ての集合住宅である。中心の池を取り囲む形で建物が湾曲しており、それが馬の蹄の形をしていたことから、このジードルングは「馬蹄形ジードルング」と呼ばれるようになった[27]。

この馬蹄形ジードルングが建設されていた時点で、すでにタウトのほかのジードルングにおいて住民の祭りの文化が醸成されていたようである。そのモデルとなったのが、第一次世界大戦前にタウトの設計により建設されたファルケンベルクの祭りである[28]。毎年数千人が参加したこの祭りの成功により、この種の祭りを他の住宅地にも導入しようという動きが生じる。馬蹄形ジードルングでは、すでに建設途中の1926年に棟上げの祭りが執りおこなわれている。建設に携わった人々の認識によれば、このジードルングは、労働者によって労働者のために作られるものとなるはずであった。実際の居

---

26) 馬蹄形ジードルングについては、*Vier Berliner Siedlungen der Weimarer Republik*, S. 111-136 ; Deutscher Werkbund Berlin e.V. (Hg.) 2005, S. 90-97参照。

27) 本節の叙述は、Holsten. 2016. S. 32-40による。

28) ファルケンベルクの祭りについては、Novy, von Neumann-Cosel (Hg) 1992, S. 60-67も参照。

第Ⅲ部　都市におけるセグリゲーション

住者のなかには、労働者は15％程度であり、官吏や職員がほぼ半数である。自由職業、店舗所有者、企業家もかなりの割合を占めていた。こうした人たちの多くは労働者から社会的上昇を遂げた人々であり、社会民主主義的なミリューに所属しているという意識をもっていた。芸術家の存在も注目に値する。

　住宅建設会社の援助のもと最初の住民の入居後一年でGEHAGジードルング・ブリッツの住民委員会が設立され、それは住民から直接選挙される代議員から構成された。その機関誌として週刊の『住宅共同体』が1927年から1930年まで刊行された。編集にはアルノ・ショルツという人物があたり、彼は社会民主党員であった。社会民主党員の関与という点では、次の二人が重要である。もっとも重要な「地域の権威」とされたGEHAGの支配人フランツ・グートシュミットと「ブリッツの皇帝」と呼ばれた、住宅管理のためのGEHAGの下部組織EINFA（Berliner Gesellschaft zur Förderung des Einfamilienhauses、ベルリン一戸建て促進協会）の管理人エーリッヒ・グラースホフであり、彼らは二人とも社会民主党員である。これに加え、ジードルング内のすべての組織のコーディネーターに社会民主党員が席を占めていた。

　とはいえ、当初は『住宅共同体』の記事を見ても、立場を超えた協力がみられたようである。近辺への飛行場の建設などジードルング全体にかかわる案件が『住宅共同体』を舞台に論じられた。こうした問題を論じる際には、市民層や左翼の賃借人の代表も多数派の社会民主党の住民とつながりをもっていた。

　同様の傾向は、祭りについてもいえる。1927年6月に『住宅共同体』には、ブリッツの古くからの住民の歌唱協会による「ローゼンフェスト」と社会民主党主催の祭りが近隣でおこなわれていることが報告され、立場を超えた独自の祭りの必要性が語られている。

　1928年7月にはエーリヒ・コッホ委員長のもと祭り委員会が作られ、それには共産党員の市議会議員ヘルマン・リントルフやブリッツ市民協会の代表が属していた。その後数週間、寄付を募り、入場券を販売し、行列の子供の

衣装を準備し、食べ物を用意し、くじ引きを作ることになるが、その際に政党政治上の違いは関係なく、幅広い立場の人たちの協力がみられた。

　こうした準備を経て、1928年8月19日に開催された第一回のジードルング祭りの中心は、子供の行列であった。ジードルング内の通りや広場の名前のもととなった作家フリッツ・ロイターの作品にちなんだ衣装を彼らは着ていた。住居の窓やバルコニーからは赤旗や社会民主党の黒・赤・金の旗が掲げられていた。午後には、ゲームや仮装、ダンスやスポーツの競技がおこなわれ、夜には照明を施された馬蹄形の建物の庭に舞台が移され、8000人以上の観客を住民が出迎えた。そこでは、委員長コッホの演説ののち、労働者のための歌と詩人リヒャルト・デーメルスのプロレタリアートの祝祭を鼓舞する詩が唱和された。最後に一斉に「インターナショナル」が唱和された。

　祭りは財政的に成功したのみならず、余暇とアジテーション、スポーツと芸術と政治的祭りの要素が巧みに混合されたことにより、政党や世代を超えた共同世界という演出をもたらした。子供の行列は、遊び場と学校の建設という要求と結びつけられた。ブリッツの祭りは、ファルケンベルクのモデルを陰に追いやるほどの成果を収めたとされる。

（2）　1929-1934年

　1929年になるとベルリンの政党間の対立は激化する[29]。そうした動きの中、馬蹄形ジードルングの祭りは、社会民主党の祭りとしての性格を強める。社会民主党は、このジードルングやそこで開催される祭りを党の宣伝塔と位置付けようとしたのである[30]。

　1929年から31年の祭りは「労働者の祭典」と名付けられたが、この名称そのものが、社会民主党が示そうとした階級闘争的性格を示す。1928年の祭り

---

29) 当時のベルリンにおける政治的対立については、1927年時点に関するものだが、原田昌博. 2015が鮮明なイメージを提供してくれる。

30) 本節の叙述は、Holsten. 2016, S. 41-49による。

と異なり、「労働者の祭典」は、社会民主党と自由労働組合がもっぱらその組織運営にあたった。祭りの経過そのものは、1928年のものと同様、子供の行列にはじまり「インターナショナル」を歌って終わるという点では共通している。

とはいえ、ともに社会民主党系である、社会主義者労働者青年団と軍事組織の国旗団が制服を着て参加したことで、1928年の行列が有していたカーニヴァル的性格が失われた。さらに、1929年の祭りでは十メートルの「労働の塔」が建設され、それが「一千人の祝祭行列」の目的地となる。その周りでは党や組合の青年が、旗を振りながら「我々みな労働者」というシュプレヒコールによって集団行動へと参加者をまとめるのである。ほかにも、娯楽とアジテーションを共通の行動にまとめ上げたものとして、素人演芸がある。夜には、政治的な演説が語られる。

こうした祭りの成果として、社会民主党にとっての「共同精神」が形成されたことがあり、1928年と1929年の選挙で、ジードルング住民の半数以上が社会民主党に投票したというデータがある。他方、半分しか支持しなかったのも確かである。その半分を対象としていたと思われるのが、共産党と市民的右派である。

すでに1928年の祭りの数週間後には共産党と社会民主党の対立が顕在化する。『住宅共同体』の政治的方向性をめぐって紛争が発生し、より左派の人たちが別の機関誌『別の住宅共同体』を1928年秋には発行したという。翌年の祭り前後には、GEHAGを「建築詐欺」と非難し、労働者のための住宅に入居したのが小市民であると批判する記事が共産党系の雑誌や新聞に掲載された。これに対する応答が、『住宅共同体』に掲載される。その後対立はエスカレートし、GEHAGは、共産主義者が浸透していると誤解した住民委員会との協力をやめた。グートシュミットは、独自のGEHAGの機関誌を創設し、『住宅共同体』の編集に携わったショルツは創刊されたEINFAの機関誌の編集に移った。ここに住民自ら組織した、自律的で多元的な共同体を作り出そうという試みは、挫折し、社会民主党系と共産党系の対立が固定し

たのである。

　この両者の対立はジードルング内部から発展したものであるのに対して、市民的右派の動きは馬蹄形ジードルングの外から生じる。ブリッツ地域の中間層が「ベルリン・ブリッツ市民協会」を結成し、1927年の半ばからその機関誌を舞台に、ジードルングの政治的な偏重をめぐって『住宅共同体』と論戦をおこなった。それは、1928年の祭りをきっかけにエスカレートする。この協会にかかわる市民は、地域に根差した祭り、ローゼンフェストによって、馬蹄形ジードルングの祭りに対抗しようとした。1929年6月23日に市民協会のもと、土地所有者、体操、スポーツ、歌唱、手工業、在郷軍人・退役軍人の団体が参加して、祝祭の行列がおこなわれた。行列は、馬蹄形ジードルングの中も通過した。この祭りは、自分たちの住む郷土への愛情をうたうものである。祭りの最後には、ドイツ国歌を歌うのである。こうした祭りを介して、市民協会は馬蹄形ジードルング内でも足場を確保したようである。この市民による祭りは、翌年は政治色を表に出さなくなる。

　1933年にナチスが政権をとる[31]と、以上で見てきたような階級色は祭りに見られなくなる。「労働者の祭典」は、「民族共同体の日」と名称が変更され、1934年6月に祭りが開催されるが、その後は続かない。かつての共同体的感覚が残っていたため、ナチ色の濃い祭りの在り方が嫌われたものと思われる。これに対して、ローゼンフェストのほうは、1936年から39年まで、ナチの地域の指導者の指導のもと、首都でも最大規模の民衆・郷土祭典となった。これは、非政治的な伝統に根差した体裁をとっていたが、かつてのマルクス主義の牙城に「血と土」といったナチ的な観念を根付かせようという試みでもあった。

　第二次世界大戦後、祭りは社会民主党主導のものと地元住民のもの両方とも復活する。

---

31) ナチ期と戦後については、Holsten. 2016, S. 49-51による。

（3） 森のジードルングの祭りと馬蹄形ジードルングの祭り

　以上、ホルシュテンの研究により、馬蹄形ジードルングの祭りとそれを取り巻く状況について概観した。筆者が分析したフィシュタールの祭りは対立を解消することを目的とし、馬蹄形ジードルングの祭りは、政治的・社会的対立が顕在化する方向に向かった。これは、筆者の研究が主として祭りそのものについてはパンフレットに依拠し、ホルシュテンの研究が住民の週刊新聞『住宅共同体』を中心に、政党色の強い雑誌も使っているという、利用している史料の性格によるのかもしれない。とはいえ、森のジードルングは、馬蹄形ジードルングに比べて、はるかに社会的緊張に満ちた状況に置かれており、対立の契機を解消する必要性ははるかに大きかった[32]。

　第一に、周りの社会との関係の在り方が大きく異なる。森のジードルングに隣接するツェーレンドルフは、ベルリンとポツダムを結ぶ街道沿いに、とくに帝政以降に発展した裕福な階層の邸宅地であった[33]。こうしたツェーレンドルフ住民にとって、一般大衆を対象とする森のジードルングは、完全な異分子であったのはまちがいない。それに対して、1920年のベルリンへの併合によりブリッツが属することになったノイケルンは、帝政以来の労働者の多い地区であり、馬蹄形ジードルングと隔絶した世界ではなかったのである[34]。

　第二に、馬蹄形ジードルングの東側に、切妻屋根の伝統的な建築様式によるクルークプフール・ジードルングが同時期に建設された[35]。森のジードルングとフィシュタールのジードルングと同様、道を挟んで対照的な住宅が対峙することになった。ところが、こうした状況が、馬蹄形ジードルングに

---

32)　森のジードルングの置かれた緊張関係については、北村昌史. 2015a および2015b ですでに論じた。
33)　帝政期のツェーレンドルフの発展については、Trumpa. 1982参照。
34)　Bernhardt. 1998, S. 224-246.
35)　Udo Gößwald, Barbara Hoffmann（Hg.）. 2014.

嫌われた住宅地の社会史

は森のジードルングのような緊張関係をもたらさなかったようである。

　馬蹄形ジードルングの、クルークプフール・ジードルングに面した部分には、赤く彩色された、「赤い前線」と呼ばれた三階建ての平屋根の集合住宅が建設された。緊張をもたらさなかった要因として、この「赤い前線」がジードルング本体を守っているような形になっていたことも指摘できよう。それより重要なのは、馬蹄形ジードルングを建設したのも GEHAG であったが、クルークプフール・ジードルングを建てたのは、1924年設立の De-GeWo（Deutsche Gesellschaft zur Förderung des Wohnungsbaues、ドイツ住宅建設促進協会）である。これは、ベルリン市が設立した公益的住宅建設会社であり、社会民主党を介して市と関係が深い GEHAG と大きく立場が相違しているわけではない。二つのジードルングは、もともと一体のものとして計画されたものが、両組織で分担して建設されたと考えたほうが実態に近いであろう[36]。

　これに加え、森のジードルングより若干早く建設された馬蹄形ジードルングでは、連接住宅が、戦前のファルケンベルクと同様、コッテージ風の切妻屋根で建てられ、平屋根で一貫していた森のジードルングとは異なり、伝統的な要素を残していた[37]。建築様式の点で、馬蹄形ジードルングとクルークプフール・ジードルングの間には隔絶した違いがあるわけではなかった。意図的に異なった建築様式で建てられたフィシュタールのジードルングと隣接した森のジードルングとは状況が違うのである[38]。

　章を改めて、フィシュタールの祭りにおいて、森のジードルングにみられた対立の要因をどのように解消しようとしたのかを検討したい。

36）　Steffens. 2014.
37）　Deutscher Werkbund Berlin e.V. (Hg.). 2015, S. 90-97.
38）　北村昌史. 2015a 参照。

3. 第一回フィシュタールの祭り (1929年)

（1）　ツェーレンドルフ・フィシュタールグルント居住者協会の設立

　馬蹄形ジードルングの機関誌『住宅共同体』には、1927年7月7日の19号[39]から森のジードルング関連の記事が時折掲載された。『住宅共同体』は、馬蹄形ジードルングと森のジードルングを「新時代の告知者」と位置付けている[40]。森のジードルングに関する記事が『住宅共同体』に掲載されたことは、この時点では共同体を作る試みをジードルングを越えて連携させようという方向性があったことを示している。

　森のジードルングの共同体形成の動きがこの機関誌に具体的にうかがえるようになったのは、同年9月29日の31号の記事からである[41]。その記事では10月4日に開催予定の住民集会の参加の呼びかけが語られるが、その際それまで試みられた集会の参加者が多くはないことが指摘されている。ただし、具体的な開催日時や参加者数についてのデータはない。10月20日発行の34号にヨーゼフ・ケーニヒという人物が、森のジードルングの現状について報告している[42]。ケーニヒはのちに協会長になる。とくに言及はないが、時期的には10月4日の集会をうけたものと思われる。そこでは、住民が一つ

---

39) Arno Scholz, Eine neue Großsiedlung in Zehlendorf, in: *Wohngemeinschaft*, 1-19, 1927.

40) Ebenda.『住宅共同体』編集者ショルツが、新しい森のジードルングを紹介したうえでのべた表現である。『住宅共同体』の副題には関連するジードルングの地名があげられているが、27号からは「Zehlendorf（＝森のジードルング）」が付け加えられている。*Ebenda*, 1-27, 1927.

41) An die Eigenheimbesitzer der Siedlung Zehlendorf, in: *ebenda*, 1-31, 1927.

42) Joff König, Zehlendorf. Wohngemeischaft?, in: *ebenda*, 1-34, 1927.

にまとまっていないことが強調され、「住宅共同体」がどこにあるのかと嘆かれ、住民が共同で議論する場がないことが指摘される。次の35号（10月27日）でも、周囲のツェーレンドルフ住民から偏見をもたれているという指摘[43]とともに、住宅共同体を形成する必要性が強調される[44]。

ところが、11月25日発行の39号の記事は、実数は不明だが、11月11日の集会に極めて多数の参加者があったと伝えている[45]。1928年になると協会結成に向けての動きが急速に進む。1月20日の3号では、1月23日から25日が賃借人の、26日と27日が家屋所有者の集会が、ジードルングのそばのレストラン、ヴァルトハウスにおいて夕方5時から開催されるという告知が掲載された[46]。集会が5日に分けておこなわれたのは、当時の森のジードルング周辺で多くの住民が集まれる、教会や学校のような会場がまだ存在しなかったという事情を指摘できる。教会は1933年から35年に[47]、そして学校は1929年から32年にかけて建設されることになる[48]。続いて新協会の規約案が掲載されたのち、第1回の総会が、2月16日にツェーレンドルフ中心部のレストラン、リンデンパルクで開催されることが告知されている。

2月24日発行の8号ではツェーレンドルフ・フィシュタールグルント居住者協会についてふれられ[49]、次の9号において2月16日の第1回総会についての報告が掲載されている。この第1回総会において、規約の若干の修正

---

43) Schwindelschweiz und Neu-Jerusalem, in: *ebenda*, 1-35, 1927.

44) Ernst, Das Ziel der Wohngemeinschaft, in: *ebenda*.

45) F. Zimmer, Die Zehlendorfer Siedler wünschen…Bericht über die Siedler-Versammlung am 11. November 1927, in: *ebenda*, 1-39, 1927.

46) Siedlerverein Zehlendorf Fischtalgrund J. A. König, Zur Gründung des Siedlerverein Zehlendorf-Fischtalgrund. Ein Statutenvorschlag, in: *ebenda*, 2-3, 1928.

47) *Baudenkmale in Berlin*. 1995, S. 221-222.

48) *Ebenda*, S. 217.

49) J. A. König, Zehlendorf. Siedlerverein Zehlendorf Fischtalgrund, in: *Wohngemeinschaft*, 2-8, 1928.

と役員の選出とともに協会は正式に成立した[50]。規約をここで少し検討したい。

規約案の第2条には協会の目的が規定されており、住民の利害を共同で代表するために、森のジードルングの住民をまとめることとされている。そのための手段として次の6点があげられる。

- a) ジードルング内の共同体精神の涵養。
- b) 住宅や菜園の利用、健康維持などなどに関する講演の開催。
- c) 家屋と菜園の必需品の共同購入。
- d) 賃借人の経済的・法的利害の共同代表。
- e) 家屋所有者の経済的・法的利害の共同代表。
- f) 交通、学校事情、全般的安全、道路清掃と照明などの改善のために、当局に対して住民を共同で代表。協会内の政党政治や宗派上の試みは排除される。

会員になれるのは、ジードルング住民であり（第3条）、会費は25ペニヒ（第6条）と、住民にはそれほど無理のない額となっている。他に、総会で投票で選出される1年任期の役員（11名）（第7条）、委員会（第8条）、1月に開催される総会（第11条）などが規約で定められている。

(2) 第一回フィシュタールの祭り

1928年の間は『住宅共同体』には、森のジードルングの生活をめぐる様々な問題に関する短い記事が散発的に掲載される。たとえば、ごみバケツの問題、買い物の便宜、地下鉄の延伸についてふれられる[51]が、同年に建てられた、フィシュタールのジードルングも話題にあがっている[52]。1929年になると、『住宅共同体』に森のジードルングに関する記事が出てこなくな

---

50) Bewohnerversammlung Siedlerverein Zehlendorf, in: *ebenda*, 2-9, 1928.
51) *Ebenda*, 2-9, 11, 14, 16, 17, 19, 21, 23, 25, 28, 30, 32, 36, 37, 44, 1928; 3-5, 1929.
52) *Ebenda*, 2-21, 36, 43, 1928.

る。『住宅共同体』を見るかぎりでは、事情は不明である。何らかの対立があって、完全に袂を分かったわけではないのは、この機関誌に1929年のフィシュタールの祭りのプログラムが掲載されている[53]ことからうかがえる。この点についてはのち改めて論じる予定である。

最初の1929年の祭りのプログラムを検討したい。

9月1日日曜日に開催された祭りは、14時に行列からはじまる。この行列は、森のジードルングの中心を貫くリーマイスター通りをツェーレンドルフの中心部の方向に向かう。子供たちが先頭に立ち、山車が続いている。山車の間に大人の男女住民が入り、自動車が行列の最後尾につく。これとは別に自転車乗りたちが特別な集団を形成している。

15時30分からは、お祭り広場で様々な行事が開催される。それは、ツェーレンドルフで1876年から活動している男声合唱協会リーダーターフェル総員の演奏のなか、招待客の迎え入れからはじまる。招待されたのは福祉省、地域当局、区長、参事会員、警視長官といった行政の代表に加え、GEHAG、EINFA、GAGFAH、建築会社であるAHAG（Allgemeine Häuserbau-Action-Gesellschaft、一般住宅建設株式会社）、そして全国的な改革住宅組織であるドイツ・バウヒュッテである。このうち福祉省、地域当局、そして建築会社の代表の挨拶が予定されている。挨拶の後、お祭り広場で、コンサート、歌唱、ダンス、贈り物の贈呈、チョコレートの輪、くじ引き、玉ころがしがおこなわれることになっている。

予定されていた招待客については、政党の代表ではなく、立場を越えて、関係を構築する必要のある行政や住宅関連団体を招待していることを強調したい。招待客の挨拶の人選のうち地域当局については、森のジードルングに抵抗のあったツェーレンドルフの代表を選んだと考えられる。建築会社AHAGは、森のジードルングとフィシュタールのジードルングの両方の建設に関わっており[54]、二つの世界の間をとったという配慮がうかがえる。

---

53) *Ebenda*, 3-25, 1929.

第Ⅲ部　都市におけるセグリゲーション

　16時半から主役は子供に変わる。子供たちの行列が祝祭場に向かったのち、スクーター、三輪車、そして人形の乳母車による競争といったゲームがおこなわれる。それから、サーカス的出し物と指人形劇である。最後は、泡立てた生クリームを付けたシュークリームを食べる。

　19時になると、祭用の照明を施したジードルング内において松明行列がおこなわれる。20時からはくじ引きと商品の交付がおこなわれ、祭が終了するのは22時である。

　プログラムで他に特記すべきは、次の二点である。第一にベルリンのすべての日刊紙に祭のことが掲載され、第二に、催しの様子は、映像撮影の組織によってフィルムに収められることになっている。

　こうして、参加者は、森のジードルングが、フィシュタールのジードルングやツェーレンドルフ地域、さらにはベルリン全体にうけいれられて、一つの安定した共同体を形成しつつあるというイメージがあたえられることになる。実際に住民が祭をどのように受け止めたのかという点は明らかにできないが、翌年以降もほぼ同様のプログラムで祭りが継続されたことからは、自分たちの伝えようとした祭りの在り方が住民側からうけいれられていると祭の主催者によって判断されていた、と主張してもさしつかえなかろう。

　馬蹄形ジードルングの祭りと共通する点として、子供が中心の一つであること、様々な娯楽が提供されていること、資金を集めるためのくじ引き、夜になってからのフィナーレなどがあり、これらの点が当時のジードルングの祭りのひな型であったのであろう。政党色が前面に出てこない点が馬蹄形ジードルングとの相違点である。

　馬蹄形ジードルングの祭りでは、2回目以降政党色が強まったわけだが、フィシュタールの祭りではどうであったろうか。章を改めてみていきたい。

54）　AHAGを経営しているアドルフ・ゾンマーフェルトについては、Kress. 2011参照。

4. 1930～1932年のフィシュタールの祭り

　祭りのプログラムは、1930年から最後の祭りである1932年までパンフレットからわかるが、ここでは逐一検討することはせず、その後の祭の連続面と変化した面を整理しておこう。その整理から、森のジードルングが置かれていた状況がより明確になるものと思われる。

（１）　招待者と挨拶

　第一に、1932年まで行政当局の代表や関連組織が招待され続けた[55]。ただし、当局や住宅組織の代表の挨拶は、回を追うごとに縮小傾向にある。29年は三人予定されたが、30年には人数は明記されず[56]、31年には地域当局の代表だけとなり[57]、最後の32年には挨拶は予定されていない[58]。32年についてはのちにふれるように、日程的に少し余裕がなかったという事情も指摘できる。のちに確認するように、パンフレットを見ると、1932年でも、地域に関わりのある行政関係者や住宅関連団体の挨拶は載っており[59]、こうした組織との関係を作っていこうという傾向は変わらず、挨拶の比重だけが下がっているのである。

　この間の挨拶で特徴的なのは、1931年の祭りの際の地域当局代表による挨拶が、ベルリンのラジオ局を通じて中継される予定であったことであ

---

55)　*Fest im Fischtal*, 1930, S. 4；1931, S. 14；1932, S. 24. ただし、1929年の祭りと異なり、具体的に誰を招待したかは不明である。

56)　*Fest im Fischtal*, 1930, S. 4.

57)　*Fest im Fischtal*, 1931, S. 14.

58)　*Fest im Fischtal*, 1932, S. 24.

59)　ツェーレンドルフの行政の代表者は *ebenda*, S. 5、EINFA は *ebenda*, S. 9、ゾンマーフェルトは *ebenda*, S. 13、GAGFAH は *ebenda*, S. 17に文章を載せている。

る[60]。かつて森のジードルングに反発したツェーレンドルフの地域の代表が、祭を、そして森のジードルングをうけいれていることが全ベルリンに伝えられることになる。前年のパンフレットで住環境の中でのラジオの意義を語る文章が掲載されている[61]が、こうした新しいメディアをうけいれようという土壌が住民の中に存在したのであろう。最初の年の映画撮影を含めて、新メディアを利用しながら、新しい祭りの文化や共同体の在り方を求めたといえる。

（2）会　　場

　第二に、祭の会場が変化したことをあげたい。29年についてはプログラムに明記されていないが、会場はフィシュタールの公園であろう。2年目以降は夜の花火はフィシュタールを会場とする[62]が、昼の会場については変更がある。30年のお祭り広場が、「四角の庭」と表現される場所に移されている[63]。これは、最初の段階（第1期・第2期）で建てられた大きなブロック内の広い空間をいう。お祭り広場ではコンサート、歌唱、ダンスパーティが催されている。これとは別にフィシュタールには子供のための祝祭場が置かれていた。31年のお祭り広場も、四角の庭である[64]。子供用の祝祭場がどこかは判然としないが、フィシュタールにおかれたものと思われる。
　会場という点で一番大きな変化は、32年に見られた。この年の会場は大きく変更されている。四角の庭が主会場だが、ほかに地下鉄のオンケル・トムス・ヒュッテ駅の北側のグルーネヴァルト大通りも会場となっている。前者では、4時からの招待客の迎え入れに始まり、くじの販売と商品の交換などの行事がおこなわれ、6時からはダンスと音楽演奏がみられる。後者では、

60）　*Fest im Fischtal*, 1931, S. 14.
61）　*Fest im Fischtal*, 1930, S. 22-23.
62）　*Ebenda*, S. 4；1931, S. 14；1932, S. 27.
63）　*Fest im Fischtal*, 1932, S. 4.
64）　*Fest im Fischtal*, 1931, S. 14.

嫌われた住宅地の社会史

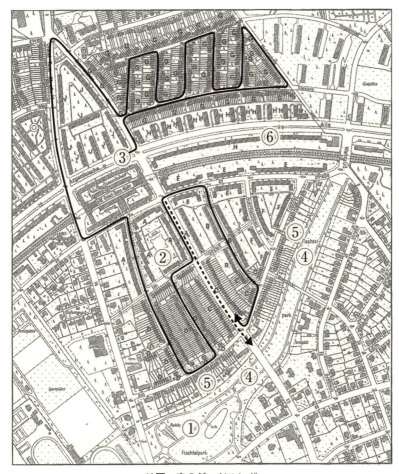

地図　森のジードルング
A～D：第1期・第2期　E～F：第3期・第4期　G：第5期　H：第6期　J：第7期
① 1929年の祝祭場　② 四角の庭　③ 1932年の子供用会場　④ フィシュタール
⑤ フィシュタールのジードルング　⑥ 第6期の「壁」
------▶ 1929～1931年の行列のルート　　　─▶ 1932年の行列のルート

アトラクションや回転木馬、サイコロゲーム、音楽がおこなわれる。前者が大人を念頭に置いたのに対して、後者は子供向けといえる[65]。

---

65) *Fest im Fischtal*, 1932, S. 19-20.

こうした祭の場所の変化は、森のジードルングの拡大に伴っている。

1929年では、森のジードルングは、第1期から第4期の二階建ての集合住宅と地上三階地下一階の連接住宅の建設が終了した段階で地下鉄の南側の地域だけであった。この段階では、四角の庭はすでに成立していた。フィシュタールのジードルングを共同体に組み入れようという志向性からすれば、タウトの設計した建物で囲まれた四角の庭は、森のジードルングだけで完結した世界を作ることになるので、祭の会場として避けられ、より適切なフィシュタールが選ばれたものであろう。

1930年は、1929年に地下鉄を挟んで反対側に建てられた、第5期の連接住宅の住民が入居して最初の祭りになる。フィシュタールのなかでも、祭りの主会場として想定できるのは、西側の池を中心にして広くなっている地域であろう。ここは、連接住宅の一番遠い住居からの距離は1キロ半を超えている。それが、四角の庭になると、1キロ弱と半分に短縮されることになる。子供を遊ばせようとしたら、フィシュタールの緑の環境がふさわしかったので、子供の祝祭場は最初の年と同じ場所にとどまったと思われる。

1932年になると、第5期の連接住宅を囲む形で三階建の集合住宅が建てられた第6期と第7期の建設も終っている。線路の北側の地域が空間的にも、住民数の点でも比重を増した。それで、フィシュタールの利用は断念し、遊具の類を導入して新しい地域に隣接して子供の会場をもってきたものと思われる。

会場の変化には、新住民の便宜をはかる側面のみならず、祭を通じて新しい地域を森のジードルングの構成要素として着実に組み込むという意思が感じられる。その点は、祭の行列の変化にもうかがえる。これが、祭の変化についての第三点目である。

（3）行　　列

1931年と32年の祭りについては行列の構成がわかる[66]。それを表にまとめてある。31年の行列は「時代の変化の中のフィシュタール」というテーマ

で13の山車で構成されている。二部構成の第一部は、フィシュタールの歴史を氷河時代からたどっている。3号車の風車は、ツェーレンドルフの街のシンボル[67]で、この山車を入れることで森のジードルングをより広い地域の中で位置づけようとしている。第二部では森のジードルングの現状と、子供のための施設を作るという課題が示される。32年の行列は、山車が20に増えて、風車のみならず、地下鉄駅の名前の由来となった飲み屋オンケル・トムス・ヒュッテや近くの池クルンメ・ランケも加えている。森のジードルングを周辺の社会の中に位置付けようというものである。

行列のルートは1929年から31年まではリーマイスター通りとだけ記されており[68]、ジードルングの中心を貫くメインストリートの数百メートルを行列が通ったことになる。32年になると、行列のルートは大きく変化し、ジードルング全体を回るようになる[69]。これには、とくに新地域の住民たちに行列、ひいては祭りの目指すところを見てもらい、彼らを森のジードルングの中に組み込もうという意思が働いていたのであろう。

とくに、第5期以降の地域は、当初からの地域とは、地下鉄の線路により空間的に仕切られていただけではなく、建物の設計方針が異なっており、フィシュタールのジードルングほどではないが、旧地域とは違う世界になる可能性があった。連接住宅群は、初期のものは間口が5ないしは6メートルであったのに対して、ほぼ5メートルに統一され、全体的に間口が狭くなっている。第5期の建物の多くはほぼ同一の設計図によって建てられ、規格化が進んだ[70]。集合住宅も、二階建てであったものが、この段階になると三

---

66) *Fest im Fischtal*, 1931, S. 14 ; 1932, S. 23-24.
67) この風車については、Trumpa. 1982, S. 36.
68) *Wohngemeinschaft*, 3-25, 1929 ; *Fest im Fischtal*, 1930, S. 4 ; *Fest im Fischtal*, 1931, S. 14.
69) *Fest im Fischtal*, 1930, S. 21-22.
70) 第1期から第4期にかけては Jaeggi. 1987, S. 142、第5期は Jaeggi. 1987, S. 148参照。

第Ⅲ部　都市におけるセグリゲーション

1931年の祭の行列　「我々の祭りの行列　時代の変化の中のフィシュタール」

I	II
1号車 　氷河時代にフィシュタールは、大きな湖と急速な流れがある。力強い魚がこの流れにいた。小妖精が獲物の勝利をもたらす。 2号車 　古ゲルマン人が、フィシュタールの住民となり、しかし活動のためにエルフと小人を残した。 3号車 　技術の時代が来る。ツェーレンドルフの村は風車を誇りに思う。 4号車 　しかし、技術とともに賃貸兵舎が誕生した。 5号車 　さらに若者が、光、空気、太陽を求めてくるはず。ユースホステルを獲得する願いである。	新しい時代が来た。歌と演奏で若者がフィシュタールの持ち物となった。 6号車 　太陽があたり、明るい住居（立派な庭付きの）を公益的建築会社が建てた。 7号車 　都市の長官が、スポーツ好きの若者に最も美しいスポーツ広場を送ってくれた。 8号車 　交通事情は非常に問題が残る。自動車のバスは、祖父の時代に由来するようである。 9号車 　BVGが救いの手を伸ばしてくれ、すぐに我々は最も美しい自動車のバスを得た。 10号車 　地下鉄が来た。アドルフおじさんがそれをクリスマスの祭に贈ってくれた。 11号車 　共同精神が幼稚園を作った。 12号 　共同精神が、独自の子供の家を作るべきである。 13号車 　「我々に救いを。我々に家を！」

1932年の祭りの行列

第1部	第2部
1．花自動車 2．伝令 3．自転車乗り 4．音楽 5．車1（魚） 6．漁師の集団 7．車2（オンケル・トムス・ヒュッテ） 8．インディアンの集団 9．車3（一戸建ての家） 10．花のグループ	11．車4（足の技 Die füsse Kunst） 12．音楽 13．車5（Freibad クルンメ・ランケ） 14．湖水浴のエンジェル 15．歌い手のサークル 16．車6（幼稚園） 17．人形の乳母車のグループ 18．車7（若者とスポーツ） 19．スポーツをする人のグループ 20．車8（白雪姫） 21．車9（ツェーレンドルフの風車）

階建になっている。両者ともより多くの人により安価な住宅を提供しようとしたものといえる。しかも、地下鉄の線路沿いに建てられた第6期の500mの建物は「壁」の機能を果たしかねないものであった。こうした壁のような建物を設けるのは1920年代から30年代にかけてのベルリンの大規模ジードルングによく見られた傾向である[71]。以前指摘したよう[72]に、これは地下鉄やフィシュタールのジードルングから第5期の連接住宅群を守る形になっているが、以前からの住民にとっては、自分たちの地域と新地域の間の壁として感じられるものであろう。

　新地域に対応するため行列は、通るルートも増え、山車も増やして、従来よりも大規模なものとなったといえる。結果として、祭の進行の中で行列に確保する時間が増え、招待客の挨拶がカットされることになったと考えてさしつかえない。1932年の森のジードルングにとっては、周辺との融合だけではなく、新地域の、自分たちの世界への統合も問題となったということである。

（4）　パンフレット

　前節までの議論をふまえて、祭のパンフレットにも分析を加えたい。パンフレットは、前半では、住民によるマンガも含む、祭りに関する情報や様々な記事がのせられ、後ろ半分は広告で占められている。パンフレットから読み取れる点をのべていきたい。

　まず、1930年のパンフレットの巻頭にベルリンや地域の行政の代表、さらにはツェーレンドルフ区長の文章が掲載されている[73]のは、祭の場での招待客の挨拶同様、森のジードルングが、周辺やベルリン社会と友好な関係をもとうとしていることを示している。これに加えGAGFAHの文章やフィ

---

71)　北村昌史. 2015a、237-238頁参照。

72)　北村昌史. 2015a、237頁。

73)　*Fest im Fischtal*, 1930, S. 3.

第Ⅲ部　都市におけるセグリゲーション

シュタール・ジードルングの写真が載っている[74]ことも、隣接して不和をもたらしかねない要素を自分たちの世界の中に取り込むという意思を示しているとみてさしつかえない。そういう点で祭そのものと同様の方向性を目指しており、これはあと2回のパンフレットでも同様である[75]。逆に、GEHAGやGAGFAHの背後にある政党色は感じられない。

　次に、新しい地域の扱いを検討する。第5期が完成した翌年の30年のパンフレットには、「新地区」と注釈を付けて連接住宅群の写真がいくつか掲載されている[76]。第6期と第7期の住民が入居してからの32年のパンフレットでは、第6期に建てられた500mに及ぶ集合住宅の連なりが、写真とマンガの一場面に登場しており[77]、この建物が壁として意識されていた様子がうかがえる。とはいえ、フィシュタールのジードルングやGAGFAHに関する写真や記事は、1頁全部を使い、それとわかる形で載せられているが、新地域は、他の記事に紛れ込ませた形であり、それに比べるとさりげない。明らかに異分子として登場したフィシュタールのジードルングには紙面上の配慮は続いたのに対して、森のジードルングを拡張した第5期から第7期の地域については別空間として意識されることは避けようとしたかのようである。

　第三に、馬蹄形ジードルングなど他のジードルングへの言及は見られず、森のジードルングそのものを独自の共同体として構築しようとしたのだといえる。協会の機関誌として1930年9月7日から『我々のジードルング——時代にふさわしい住宅のための週刊誌』が刊行されることが、1930年のパンフ

---

74)　GAGFAHの文章は *Fest im Fischtal*, 1930, S. 8、フィシュタールのジードルングの写真は *ebenda*, S. 21に掲載。

75)　1931年については、行政の代表者の挨拶は *Fest im Fischtal*, 1931, S. 1, S. 3, S. 5、フィシュタールのジードルングは *Fest im Fischtal*, 1931, S. 13に掲載。1932年については註（59）参照。

76)　*Fest im Fischtal*, 1930, S. 6, S. 7, S. 11.

77)　「壁」の写真は *Fest im Fischtal*, 1932, S. 8、漫画は ebenda, S. 16.

レットに創刊号が掲載されて告知された[78]。この機関誌がその後刊行され続けたのかは定かでない[79]が、祭りを補完して、地域のまとまりを形成する営みの日常化を図ったものである。

　馬蹄形ジードルングとの関係において距離をとるようになった背景は次のようなものであろう。第1章でみたように、馬蹄形ジードルングは、次第に社会民主党の牙城としての性格を強め、政治的・社会的対立の渦中にあった。こうした状況は、社会的対立の解消を望む森のジードルング側の好むところではない。社会民主党中心となった馬蹄形ジードルング経由で政治的・社会的対立が自分たちの世界に入り込んでくることを避けようとしたのである。

おわりに

　本稿の内容をここで手短にまとめよう。ホルシュテンの研究によりつつ馬蹄形ジードルングの祭りを紹介し、それを念頭においてフィシュタールの祭りを検討した。森のジードルング住民は、最初の住民の入居直後から、住民の抱える問題を解決するため共同体を形成しようとし、ツェーレンドルフ・フィシュタールグルント居住者協会として結実する。建設当初からのツェーレンドルフの行政や住民からの抵抗に加え、異なる建築様式や世界観によるフィシュタールのジードルングが隣接して建てられたことにより、周辺との関係を構築しつつ、独自の共同体形成を目指すようになる。こうした対立の要因を解消し、独自の共同体を形成するためにおこなわれたのが、青少年の施設を充実させることを目的とするフィシュタールの祭りである。祭は、ま

---

78) *Fest im Fischtal*, 1930, S. 19.
79) 1931年と32年のパンフレットでも『我々のジードルング』のロゴが使われており、このロゴが住民にもなじみのあるものになっていたことがうかがえる。

た新たに建築された地域を共同体に組み込むという方向性も有していた。当初は、馬蹄形ジードルング住民と関係をもちながらの共同体形成を目指したが、関係は次第に疎遠になる。この背景として、政治的対立の舞台となった馬蹄形ジードルングから距離をとろうという思惑が指摘できる。

　こうした対応の背景としては、ナチスと共産党の暴力的衝突が時としてエスカレートする時代状況のもと、日常的に社会的緊張におかれている状況を解消したいという思惑があったものと思われる。もちろん、直接的要因として新しい建築様式による一般大衆のための住宅への抵抗が生じたことがあり、その点でフィシュタールの祭りは、モダニズム建築が現実社会にふれる中で生じた派生物と評価できる。他方、住民は、行列に見られる祭りの伝統的要素に加え、当時活性化したラジオ、新聞、映画などのメディアや独自の機関誌を利用して共同体を構築しようとしている。こうした点で、フィシュタールの祭りは、また、ヴァイマル文化を如実に反映したものといえる。

　1933年のナチス政権の誕生後、強制的画一化により森のジードルングの居住者協会は解体され、祭は開催できなくなる[80]。馬蹄形ジードルングにおいて祭りが名称を変えて34年にも開催されたことが示すように、強制的画一化に対する対応はジードルングごとに多様であったようである。他にも、郷土史研究の成果を参照すると、ベルリン北部のタウトのジードルング、フライエ・ショレでは、祭りは1938年まで開催されている[81]。ジードルングの置かれた状況や住民間の関係に応じて、祭りの存続に違いが生じたものと思われる。強制的画一化への社会的反応は、実は、多様なものでありえたのであろう。こうした多様な反応を想定しえる共同体に対して、ナチス政権が具体的にどのように対処していたのかを検討することも今後取り組んでいくべき課題であろう。

　さて、戦後、森のジードルングでも馬蹄形ジードルングでも祭りは復活す

80）　北村昌史. 2015a, 239-240頁および北村昌史. 2015b, 412-420頁参照。

81）　Amann / von Neumann-Cosel. 1995, S. 92.

る。筆者がすでに明らかにしたように、森のジードルングでは、当初は住民の祭りとして復活し、のちにツェーレンドルフの行政主導のものとなり、かつて祭りに絡んでいた対立のヴェクトルは忘却される。2007年にはモダニズム建築ということで馬蹄形ジードルングをはじめ、タウトのもの4つを含む、全部で6か所のジードルングが世界遺産に登録されることになった。森のジードルングについても追加の申請が試みられた。建設当初は社会的対立の場であったタウトのジードルングは、近年、ベルリン社会で古き良きヴァイマル時代を体現する存在として「記憶」されるようになっているのである[82]。

〔参考文献〕
邦語文献
北村昌史. 2007.『ドイツ住宅改革運動――19世紀の都市化と市民社会』京都大学学術出版会。
北村昌史. 2009.「ブルーノ・タウトとベルリンの住環境――1920年代後半のジードルンク建設を中心に」『史林』92（1）。
北村昌史. 2014.「近現代ヨーロッパにおける都市と住宅をめぐって」『西洋史学』（253）。
北村昌史. 2015a.「ブルーノ・タウトのジードルングの社会史――『森のジードルング』を手掛かりとして」中野隆生編『20世紀の都市と住宅――ヨーロッパと日本』山川出版社。
北村昌史. 2015b.「ブルーノ・タウトの集合住宅」尾関幸編『ベルリン――砂上のメトロポール（西洋近代の都市と芸術5）』竹林舎。
北村昌史. 2017.「ブルーノ・タウトに関する研究の動向」『史林』100（3）。
蔵田周忠. 1942.『ブルーノ・タウト』相模書房。
後藤俊明. 1999.『ドイツ住宅問題の政治社会史――ヴァイマル社会国家と中間層』未来社。
ピーター・ブランデル-ジョーンズ. 2006.『モダニズム建築――その多様な冒険と創造』（中村敏男訳）風土社。

---

82) 北村昌史. 2015b 参照。

第Ⅲ部　都市におけるセグリゲーション

高橋英夫．1991．『ブルーノ・タウト』新潮社。
永山のどか．2013．『ドイツ住宅問題の社会経済史的研究——福祉国家と非営利住宅建設』日本経済評論社．
原田昌博．2015．「1927年3月の『リヒターフェルデ東駅の衝突』の展開と帰結」『ゲシヒテ』(8)。

外国語文献

Amann, Renate, Barbara von Neumann-Cosel. 1995. *Freie Scholle-Ein Name wird Programm. 100 Jahre gemeinnützige Baugenossenschaft "Freie Scholle" zu Berlin EG*, Berlin : Edition Arkadien,

Baade, Rudolf. 2004. *Kapital und Wohnungsbau in Berlin 1924 bis 1940. Die öffentliche Förderung in der Weimarer Republik und im NS-Staat*, mit einem Essay von Wolfgang Hofmann, Berlin : Berliner Wissenschafts-Verlag.

Baudenkmale in Berlin. Ortsteil Zehlendorf, Berlin : Nicolai 1995.

Bernhardt, Christoph. 1998. *Bauplatz Groß-Berlin.Wohnungsmärkte, Terrainewerbe und Kommunalpolitik im Stätdewachstum der Hochindustrialisierung* (1871-1918), Berlin/New York : W. de Gruyter.

Dannenberg, Cornelia. 1989. *Zehlendorfer Ansichten, Nr.1, Die Onkel-Tom-Siedlung*, herausgegeben von Bezirksamt Zehlendorf, Berlin.

Deutscher Werkbund Berlin e.V. (Hg.). 2005. *Bruno Taut. Meister des farbigen Bauens in Berlin*, Berlin : Braun.

Gößwald, Udo, Barbara Hoffmann (Hg.). 2014. *Das Ende der Idylle? Hufeisen-und Krugpfuhlsiedlung in Britz vor und nach* 1933, 2. Aufl., Berlin : Museum Neukölln.

Hegemann, Werner. 1933. *Das steinerne Berlin. Geschichte der größten Mietskasernenstadt der Welt*, Berlin : G. Kiepenheuer.

Holsten, Henning. 2016. Neues Bauen-Neues Wohnen-Neue Feste. Vision und Wirklichkeit urbaner Gemeinschaftsrituale am Beispiel der Hufeisensiedlung in Berlin-Britz, in : Paul Nolte (Hg.), *Die Vergnügungskultur der Grossstadt. Orte, Inszenierungen, Netzwerke* (1880-1930), Köln : Böhlau.

Jaeggi, Annemarie. 1987. Waldsiedlung Zehlendorf "Onkel Toms Hütte", in : *Vier Berliner Siedlungen der Weimarer Republik*.

Junghanns, Kurt. 1998. *Bruno Taut*, 1880-1938. *Architektur und sozialer Gedanke*,

3., überarbeitete und erg. Aufl., Leipzig : E.A. Seemann.
Kress, Celina. 2011. *Adolf Sommerfeld-Andrew Sommerfield. Bauen für Berlin 1910–1970*, Berlin : Lukas Verlag.
Novy, Klaus, Barbara von Neumann-Cosel (Hg.). 1992. *Zwischen Tradition und Innovation. 100 Jahre Berliner Bau und Wohnungsgenossenschaft von* 1892, Berlin : Hentrich.
Pitz, Helge, Winfried Brenne, Einl. Julius Posener. 1998. *Bezirk Zehlendorf : Siedlung Onkel Tom, Einfamilienreihenhäuser 1929, Architekt Bruno Taut*, Berlin ; Gebr. Mann (Die Bauwerke und Kunstdenkmäler von Berlin, Beiheft 1).
Ribbe, Wolfgang (Hg.). 1986. *Geschichte Berlins*, München : C.H. Beck.
Schwenk, Herbert. 2002. *Lexikon der Berliner Stadtentwicklung*, Berlin : Haude & Spener.
Silbereisen, Gabrielle. 1992. Die Waldsiedlung Zehlendorf "Onkel Toms Hütte", in : *Zehlendorf (Geschichtslandschaft Berlin. Orte und Ereignisse.* Herausgegeben von Helmut Engel, Stefi Jersch-Wenzel, Wilhelm Treue, Bd. 4), Berlin : Nicolai.
Steffens, Markus. 2014. Die Wohnungsbaugesellschaften GEHAG und DeGeWo in Britz 1925 bis 1952, in : Gößwald, Udo, Barbara Hoffmann (Hg.). 2014.
Trumpa, Kurt. 1982. *Zehlendorf in der Kaiserzeit. Vom Dorf zum Vorort. Ein Bildbericht*, Berlin : Grundkreditbank.
Vier Berliner Siedlungen der Weimarer Republik. Britz, Onkel Toms Hütte, Siemensstadt, Weiße Stadt. Eine Ausstellung vom 24. 10. 1984–7. 1. 1985 im Bauhaus-Archiv, Museum für Gestaltung, Berlin : Argon 1987.

第Ⅳ部　文化接触のコンテクストとコンフリクト
——環境・生活圏・都市をめぐって

総括パネルディスカッション

司会　大場　茂明（大阪市立大学大学院文学研究科教授
　　　　　　　　都市文化研究センター所長）
　　　大黒　俊二（大阪市立大学大学院文学研究科教授）
パネリスト
　　　海老根　剛（大阪市立大学大学院文学研究科准教授）
　　　ヴォルフガング・カシューバ（ドイツ・フンボルト大学教授）
　　　ヨアヒム・ラートカウ（ドイツ・ビーレフェルト大学名誉教授）

［編者注記：以下は総括パネルディスカッションの録音を（ラートカウ、カシューバ両氏の場合はドイツ語から翻訳した上で）文字化したものであるが、読みやすさを考慮してある程度議論を整理し、理解が困難な個所には説明を加え、明らかな誤りを修正してある。また［　］は編者による補足である。］

【はじめに】

（大場）　ただいまより、総括のパネルディスカッションを開催したいと思います。この総括のパネルディスカッションの司会、進行役は、私ども頭脳循環グループのメンバーの文学研究科の西洋史学専修の大黒教授と、私、地理学専修の大場が務めさせていただきます。どうぞよろしくお願いします。

初めに、この３日間にわたるシンポジウムの簡単な枠組み、どういう形でこれを構成して企画してきたかを少しご説明する中で、全体の主題である「文化接触のコンテクストとコンフリクト」という言葉に込められた私どもの意図について、簡単にご説明したいと思います。

今回のシンポジウムは、12月４日に公開講演会がありまして、その後、昨日および本日にわたって三つのセッション、すなわち昨日は、まず生活圏、合同生活圏をめぐるテーマがあり、２番目のセッションⅡでは、都市社会の問題を扱いました。そして、本日の午前中の第Ⅲセッションでは、環境をめぐるコンテクストとコンフリク

第Ⅳ部　文化接触のコンテクストとコンフリクト

大場教授(左)・大黒教授(右)

トの問題を扱ったわけです。実を申しますと、こういったセッションの順番は、講演者の方々とのスケジュールの調整の関係で、必ずしもこちらが当初考えていた順番ではありません。

　私どもがテーマとして取り上げた「環境・生活圏・都市」というのは、同時にスケールの大きさの違いでもあります。すなわち、環境とは、例えば具体的には、森、森林をめぐる問題や、あるいは本日のテーマの河川をめぐる問題でもあります。そして生活圏という言葉に秘められた意味は、居住エリア、あるいは開発を行うエリアを指します。それに対して都市とは、都市の内部の話もかなり今回のシンポジウムでテーマになったのですが、私どもの本来の趣旨としては、ネットワークを構成する単位としての都市というものを考えています。全体を通じて、現代の社会をめぐる、歴史なども含めた多様な論点をスケール別に整理して、ディスカッションをしていこうというのが趣旨でありました。そういった三つのテーマ、スケールに基づいて、これからそれをどういった形で総合して考えるかということを議論してまいりたいと思います。

　昨日および本日午前中までの議論を聞かせていただき、私なりに整理をし

総括パネルディスカッション

ます。このコンテクストは、どのステージであれ、そこで行われている、あるいは行われてきた規制というものが、コンテクストに対応するものではなかろうかと思います。具体的には、例えば利水をめぐる近隣社会、コミュニティーでの使い方の規則が対応するわけですが、それに対して他者、外部の者の介入、具体的な人間集団、あるいはもっと大きな権力を持った公権力、国家が入ってくることによって、コンフリクトが生まれる。その次の段階として、恐らくコンテクストとコンフリクトの次に出てくるものがある。今回特にテーマ説明のところでは触れられていなかったことですが、調整というような段階が加わるのではないかと、今回全体を通して先生方のご報告を伺いながら感じたところです。

そういった調整の結果が再び、この都市、あるいはもう少し広い範囲の生活圏のコンテクストを規制していくという歴史的な繰り返しの中で、現代に至っているのではないかと思います。そういう形で整理をしますと、恐らく全体のテーマをつなげる一つの糸口になるのではなかろうかと思います。そういった点に注意しながら、これから

パネルディスカッションを始めたいと思います。

まず、パネルディスカッションの進め方ですが、それぞれのセッションでご講演いただいたり、司会を務めていただいた先生方にご登壇いただきましたので、それぞれのテーマに即して、あるいはそのテーマを含めた全体的なご意見などにまず触れていただいて、その後、それを、全体をめぐる議論に展開することができればと考えています。

ということで、まず、環境の話から始めさせていただければと思います。

【環境をめぐって】

(大黒) ディスカッションを二つに分けて進めることにします。一つは環境というテーマ、もう一つは都市と（合同）生活圏というテーマですが、環境に関するところは私が司会を担当させていただきます。私は大阪市立大学の大黒と申します。よろしくお願いします。私から議論のきっかけとして少しだけ話題を提供させていただきます。

環境に関わるお話は1日目前半の佐久間先生の講演、そして今日の午前中のセッション「境域をめぐる環境

第Ⅳ部　文化接触のコンテクストとコンフリクト

史」、主にこの二つが環境に重点を置いた議論でありました。本シンポジウムが「環境・生活圏・都市」を対象としているので、後で全部まとめて議論することになるかと思いますが、便宜的にまず環境に関わるところから議論を始めさせていただきたいと思います。

いくつかキーワードがあったと思いますので、それらを列挙するところから議論のきっかけを作らせていただきます。佐久間先生のお話は「里山」でしたし、今日の午前中の佐野先生のご報告は「里湖（さとうみ）」でした。「里山」、「里湖」、日本人としては感覚的にすぐ理解できるような言葉だと思います。その特徴としていずれも都市に近いという特徴があり、そこから、これらはラートカウ先生の「都市と森林」というテーマにも関わってきます。そして、これに「共同体」と「権力」というもう一つの対抗軸が関わってきていたと思います。これはおもに井黒先生の報告が強調されていた論点でしたが、ラートカウ先生の１日目の講演もこの対抗軸に関係する内容でした。里山と里湖、共同体と権力、このようにキーワードを整理できるのではないか

と思います。さらに、佐野先生の報告にあった境域の環境史は、里山と里湖、共同体と権力、この両者に関わる内容でありました。

興味深く思われたのは、里山と里湖、共同体と権力という問題群に「水」とその管理が深く関わっていたという点で、これはとくにラートカウ先生が今日の報告で強調されていた点です。水の管理にはしばしばコンフリクトがともない、コンフリクトは議論によって解決することもしないこともあります。そこでまず、ラートカウ先生にこの問題についてご意見をいただきたいと思います。

（ラートカウ）「環境・生活圏・都市」は、私が今までずっと取り組んできたテーマです。私が書いた『自然と権力──環境の世界史』という本は、自然と権力を対比させて、対立するものと言っているわけではなく、ミシェル・フーコーも言っているように自然との賢明な取り組みが大切だと主張しています。例えばコンクリート・ジャングルのようなものに対するものとしては、田園風景的な視点があって、その中に例えば棚田などがあるのですが、

総括パネルディスカッション

棚田を作ることで土壌の浸食を防ぎ、耕作ができ、地盤を守ることもでき、治水にとってもいいわけです。だから私が言いたかったのは、いわゆる自然を、経済的にも効率よく利用するにはどうしたらいいかという取り組みのことです。

私が今回一番驚いたというか、良い意味でのサプライズであったのは、佐野先生がお話しされた琵琶湖の話です。湖というと私たちはまずボーデン湖を思い浮かべます。ボーデン湖には魚を捕ったりという利用法はありますが、佐野先生のお話ですと、琵琶湖では魚を捕るだけではなく、水草を利用したり、湖底の泥を利用したりしているということで、そういう使い方もあったというのは、目からウロコが落ちるような思いでした。

私が行ってきたのはグローバルなレベルでの歴史、あるいはグローバルなレベルでの環境運動、エコロジー、あるいは森林と木材というようなテーマでした。しかし、だからといって、グローバルな問題を取り扱ってきたからそれを一つのレシピにまとめて、こうあるべきだということを言おうとは全く考えていません。大切なのは、それぞれの地域の特性に合ったレシピを考えることで、そこに自分のアイデンティティを見いだすというのはすばらしいことだと思いました。

じつは私は6年前に琵琶湖へのエクスカーションに参加したことがありますが、その現場についてそういう話が聞けたことは本当にうれしいサプライズでした。どうもありがとうございます。

（大黒）　ラートカウ先生、どうもありがとうございました。

　この環境に関して、本日、佐久間先生はお帰りになったのですが、報告者の佐野先生と井黒先生は残っていらっしゃいますので、お二人から順番にご意見を頂けますか。お二人にはこのシンポジウムでご報告頂いたわけですが、他の方の発表を聞いて、新鮮に感じたところなどもお話しいただけるとありがたいです。佐野先生、井黒先生、どちらからでも結構です。

（佐野）　私は本日しか参加できなかったので、他のどの方についてということではないのですが、シンポジウムの趣旨に関して、感じたことを述べさせていただきます。

　ラートカウ先生の今のコメントにも多少関係すると思うのですが、地域固有の問題というのは私ども地理学の研究者も気になって調べてきたのです

が、そうした地域の個別の問題と、それからグローバルに通じるような普遍化の問題、その両者の視点の取り方、両方の必要性をあらためて実感した次第です。もちろん、今日は井黒先生の中国の事例もありましたし、どの空間スケールで、どの問題を考えていくかという、あらためて依って立つ場所の意義をもう一度、再確認させていただける機会を頂戴したと思っています。

（井黒）　私は昨日から参加させていただきました。昨日お聞きした中で特に印象的だったのは菅先生のご発表でした。菅先生が河川の流域をどう扱っていくのか、さらに、実際にベンチを置くとか整備をするなど、目に見える意味だけではなくてその裏にある実際の意図や目論みといった、表には出てこないものが見えてくるという話は、大変印象深くお聞きしました。

　今日の佐野先生のお話もそのあたりに通じるところがあるように思われ、ラートカウ先生もおっしゃいましたが、見えていない姿が見えてくるというのが、やはり強烈なインパクトでした。例えば、はげ山はそれだけで短絡的に良くないものだ、何とか改善しな

いといけないのだ、とつい考えてしまいがちです。それだけではなく、そこから見いだせるものもあるというご指摘は、本当に目を開かされるものでした。私自身の報告をもう一度あらためて、そういう観点からも見直してみたいと思います。

（大黒）　どうもありがとうございました。

今のコメントに関して、ラートカウ先生、何かご意見はありますでしょうか。

（ラートカウ）　地元住民が果たす役割は非常に大きいと思います。例えば昨日と今日にお話しした持続的な森の管理は、何も英雄の伝記のような話ではなく、州の営林局が管轄していても、持続的な森をつくるために、トップダウンではなく地元住民からの声がまず反映されて行われています。

特にドイツでは2011年にエネルギーシフトが行われ、再生可能エネルギーがどんどん注目を浴びるようになりました。しかし、再生可能エネルギーであればこうすればいいという、どこでも通用するようないわゆるパテントレシピはなく、熱帯の国にはその地帯に合ったものがあり、日本であれば日本、カナダはカナダに合ったものがあるというように、やはりその国々や地域の特性に合ったものを考えるしかありません。そのために大切なのは、地方自治体、いわゆるコミューンレベルの自治体の活動です。

もともと、このエネルギーシフトのきっかけとなったのは、シュヴァルツヴァルトにあるシェーナウという小さな町です。そこで始まった運動が全国にネットワーク化され、広がっていったわけです。

日本から来られる旅行者や研究者の方などは、多分ドイツの一部しか見ていないところがあり、私自身も日本に何度か来ていますが一部しか見ていません。日本にもやはりたくさんの地域があって、その特性も違うでしょうから、こうした問題はこれからどんどん研究していく価値のあるテーマではないかと思います。

（大黒）　どうもありがとうございました。ラートカウ先生がご著書で繰り返し強調しておられるのは、環境問題を考える場合に大事なのは、一つは見渡せるぐらいの小地域の重要性と、もう

一つは持続可能性です。これらは今の環境問題や環境の歴史を考える上で重要な用語だと思います。別にこれに限る必要はありませんので、ここからはフロアの皆さんに自由に発言していただきたいと思います。よろしくお願いします。

（質問者１）　関西学院大学の朴勝俊と申します。環境経済学を教えているもので、ラートカウ先生とたまたま個人的なお付き合いがあり、参加しました。今日からの参加ですが、佐野先生、井黒先生のお話を聞いて、環境を守るためには権力も必要だ、そして経済活動も必要だという理解なのかと感じています。

　佐野先生のプレゼンテーションの最初の方に示された写真を見ると、日本ではどんどんコンクリートの護岸になっている。あれは本当にある種の権力で、特殊な日本の形だと思うのですが、将来それを元に戻していくのはどう可能なのかということです。1930年代のような元の形に戻ってほしいわけです。それを佐野先生にもお伺いしたいと思います。また、ドイツから来られたお二人の先生にも、もちろん治水の効果は維持される必要はあると思うのですが、河川の護岸を元の姿に戻すということは可能かという質問をさせていただきます。よろしくお願いします。

（大黒）　佐野先生、よろしいでしょうか。

（佐野）　私がこういうことをお答えする立場であるかという疑問はあるのですが、一度コンクリート護岸になったものを、これからどうするかということですね。例えば琵琶湖の周りですと、湿地再生をめざして、いったん干拓地になったものに再度水を入れるという試みが一部では行われはじめています。ただし、まだ始まったばかりなので、評価はできませんが、その際に水を再度流し入れて終わりではなく、そこからが始まりだと私は考えています。水が戻った後、そのまま自然に委ねるわけにいかないのが水辺の宿命であると今日もお話しました。

　その後どう管理していくかというときに、従来のその地域で、どんなふうにそこを利用して、どれくらい草が刈られていたかという、かつての営みをマニュアル化して、情報を集めていか

総括パネルディスカッション

Wolfgang Kaschuba
ヴォルフガング・カシューバ

Joachim Radkau
ヨアヒム・ラートカウ

ないと、今後の維持管理はできないだろうと思っています。簡単なことしか分からないので、コンクリートそのものをどうするか、例えば、河川の改修などは私がお答えできる立場ではないので、このあたりで終わります。

（大黒）これについてはドイツに既に例があるそうです。もしよろしければ、ラートカウ先生、何度も恐縮ですが、少しその例を紹介していただけませんでしょうか。［以下、ラートカウ氏に発言を求めたが、先にカシューバ氏が発言を求めた。カシューバ発言にある「コ・プレゼンス」については本書吉原報告を参照。］

（カシューバ）直接そういうのはありませんが、コ・プレゼンスについて、私が考えるには、多分二つの意味があると思います。

一つ目は、いろいろな意味で違うグループ、例えば違う発想を持っていたり、物質的にも違う、あるいは違う出身地であるなど、とにかく異なるさまざまなグループが出会って、そこで一緒に分配をしたり、そこで交渉をしたりするのが、いわゆるコ・プレゼンスの一つです。

もう一つは、現在のインターネットを使った、いわゆるデジタルのレベルでの社会的なつながりとしてのコ・プレゼンスです。例えばエコロジー運動

をインターネットの運動で広げることができるのか、あるいはこのエコロジーの運動に関しては、今までどおり、町に行ってデモをしないとできないのかという感じを持ちます。

ただ、地元住民の役割は非常に大切です。例えば国家権力に対して地元住民が声を上げたり、あるいは上から決められた規則に対して、地元住民が怒ったりすることは、そういう意味では非常に大切だと思います。第一の例として、先ほどのご質問に関係しますが、ここ10年を振り返ると、ドイツでは非常に洪水が多く、例えばエルベ川なども氾濫をしました。これは、一つには川を人工的に真っすぐにしたり、セメントで固めたりしたことが影響しているので、応急措置として、川の真っすぐにした部分を自然に戻す方向にあります。

2番目の例はルール地方です。この辺は工業が盛んな所なので、一時期汚染が非常に進んだところです。これをきれいにすることによって、またそれをきれいにするために、逆に真っすぐなものにカーブを付けることによって、自然に近い状態に戻していくというのがあります。

3番目は、これは少しぜいたくかもしれませんが、今まで開発によって自然が隅に押しやられていたのに対し、そうした隅に押しやられた自然を逆に都市に取り戻すために行っている試みです。これは川だけに限らず、昨日も紹介したように、ベルリンのテンペルホーフ空港の跡地を公園として、市民の憩いの場として使い、逆に生活圏として使うということです。今まで隅に追いやられた自然を、逆に都市に取り戻そうというのが今の傾向です。

（ラートカウ）　25年ぐらい前からドイツではシュタットエコロジー、つまり都市のエコロジー運動が進められました。この動きはベルリンから発生し、もともとは町でデメリットになったものをメリットに変えようとするものです。

例えばベルリンは終戦のときに大空襲で破壊され、その後分断され、暗い影のイメージがあったため魅力に欠けていたのですが、逆にこのデメリットをメリットにしようとしています。これはエコロジーの観点から出発しています。私が会議などでベルリンに行き、半日とか1日の時間ができたとき

に市内を、例えばクーダム通りやブランデンブルク門などを歩いていると何か新しい発見があります。例えば、自然保護地域の中には人間が入れないようにしている区域もあり、そこを守ったり農業を維持したりすることによって、ベルリンはある意味で生物多様性が非常に進んでいます。エコロジーの立場からは、例えば再生可能エネルギーだとバイオガソリンなど単品だけのものになってしまいますが、生物多様性が守られている方がいいわけです。驚くのは、ベルリンは大都会なのにイノシシが非常に多く、駆除に困っているという現実です。

（カシューバ）　その数字を具体的に挙げると、ベルリンにはイノシシが1万5000頭、キツネが7000頭、アライグマが1000頭といわれています。私が家内とオペラに行ったとき、オペラが終わって駐車場に戻るとキツネがいたこともありました。またベルリンでは養蜂業も結構盛んで、鳥の種類も多様で、意外にもバイエルンの森よりもベルリンの方が鳥の種類が豊富です。これは多分、自然環境として鳥の餌になるようなものが十分にあるからだと思

います。

それだけのスペースを今後も維持できるかどうかが非常に大切で、この点はいわゆる都市の再自然化と関係してきます。その一つとして、昨日も例に挙げましたテンペルホーフ空港の跡地を市民が楽しめる余暇の場所として使っている例があります。これには100億～200億ユーロかかります。ということは、おおまかに100倍すると20兆円になるのですが、そのような投資が行われています。

（大黒）　どうもありがとうございました。時間の都合もありますので、環境についてはひとまずここで終えることにします。後で総合討論がありますので、ご意見のある方はそこで出していただいて結構です。

私から次の論題へのつなぎとして一言付け加えさせていただきます。先ほどから話が都市内の環境の方に移ってきました。都市内に公園や森や植物、動物が入ってくるという形で都市の環境が取り戻されるという内容であったと思います。他方で、昨日菅先生が言われたように、都市に緑を取り戻すことで、逆に今度は合同生活圏を分断・

排除する力学が生じてくることもあります。これで話がつながりますので、後半の司会はこれから大場先生にバトンタッチします。

【都市と（合同）生活圏をめぐって】

（大場）　都市あるいは生活圏の話に移っていきます。先ほどの流れで、私自身はドイツのルール地域をフィールドに長年、調査をしてきた関係で、再自然化、自然に戻す活動という観点から少し補足をさせていただいてから、都市のテーマに入りたいと思います。

　ルール地域は、先ほどラートカウ先生からのご紹介にもありましたように、わずか100年足らずの間に環境改変が非常に激しく進んだ地域です。その中で、ルール地域の経済を支えているのは、基本的には石炭とそれに関連する重工業でしたが、特に19世紀の後半から本格化する石炭採掘、これは坑内採掘と言い、地下の炭層を抜いていきます。そうすると当然、地盤沈下が生じます。それからルール地域全体のシステムの中で、地域の中央にエムシャー川という河川があり、その河川を排水路として使ってきたため、地盤沈下が進むは、水質の汚濁が進むはという非常に厳しい状況でした。

　そういう中で、皆さんご存じかと思いますが、20世紀の終わりぐらいに、IBAエムシャーパークというプロジェクトが10年間にわたって行われました。そこで行われたことを具体的な例で申しますと、一つは河川の再自然化があります。再自然化するとは、ベトン、つまりコンクリートを取り払って、そこにその地域本来の植生を再び移植する。それにより、その地域のかつての景観を復元するという試みです。

　あるいは、先ほどデメリットをメリットに変えるという話がありましたが、それに関連する例でいいますと、採炭地ですので、当然、一方で地盤沈下で水たまりができる。水たまりと言っても非常に大きいものです。その一方でぼた山ができる。そのぼた山を緑化したり、地盤沈下した部分を湖として再活用していくというような試みが行われました。

　これらの一つ一つは小規模なものですが、ルール地方は、かつてシカゴ社会学派が「実験室としての都市」というテーマで提示したもののよい例になると思います。というのも、この地方

は、急速な工業化とともに都市化がスタートし、単純な土地所有関係の下で、非常に意欲的な再自然化等の取り組みが行われた所であるからです。また都市の密度の高い所でもあるので、都市内の環境を論じる上で興味深いケースではなかろうかと思います。

そういった補足も含め、後半のセッションのⅠとⅡをめぐる話に話題を移していきます。

セッションⅠで行われた菅先生、青木先生の報告は、文化接触のコンテクストとコンフリクトのテーマの実例が最も具体的に表れているところです。河川の話、とくに原発の反対運動の場合は、それまでの安定した農村社会に、外からの動きが入ってくることによって、運動がどのように構築されていったかを示す、分かりやすい事例であったと思います。

また、北村さんの報告も、屋根の形態をめぐる論争で、コンフリクトの典型的な事例に入るかと思います。そういったコンフリクトに対して、吉原先生が報告されたのは、それをどのように調整するべきかという問題提起であったと思います。

昨日の後半、カシューバ先生、森先生から報告された内容は、そういった調整された結果として、どのような空間、あるいはどのような移民たちの社会が生まれたかという形でご報告をされました。

その中でも、コンフリクトは住民間、住民同士、それから世代間でも生じるものであるということが、全体を通してきわめて印象的なことでありました。

前半に倣い、以上のことを踏まえて、報告および全体のコーディネートをした先生方に全体的なコメントをお伺いしたいと思います。まず、第Ⅰセッションで合同生活圏の共生化、敵対化という問題を扱われた、海老根さんの方からコメントをお願いします。

(海老根) 第Ⅰセッションは今紹介されたとおりですが、共通した問題意識として抽象化してしまうと、中心と周縁というものや、都市と周辺地域の間の対立図式によりある種の問題を把握することを警戒し、対立図式をいかに乗り越えて、新しいネゴシエーションの場を開いていくかという問題意識が共通していたのではないかと思います。

第Ⅳ部　文化接触のコンテクストとコンフリクト

　菅先生の場合では、川は、江戸時代であれば、その周辺地域、その地域内、地域の間での共同管理的なものであったものが、その後、近代に至って産業の中心となり、産業が廃れ、今高いタワーマンションが建って河川が整備され、花を植えましょうという運動が「市民協働」の名の下になされている。しかし、河川がきれいに快適になり、安全で安心になっていく過程で、実はホームレスという人たちが排除されていく。そこにホームレスという主要な存在が、河川から排除されていく。

　それに関して菅先生の指摘によると、それがホームレス排除の名の下で展開されるのではなく、あくまでも河川環境を良くするという名目の下で展開されていっている。あくまでも環境を良くする。つまり、ベンチや施設というものに変更していく。その対立が、実はそこでマラソンしているスポーツマンや子どもと遊んでいるお母さんなどという人たちに、全く不可視化されていってしまうということを問題提起されたのだと思っています。

　それに対して、吉原先生の方はもっと大きなレベルで、つまり河川、多摩川や隅田川などのローカルな地域の中での問題ではなく、むしろ日本全体で見た場合の、福島という原発立地地域とそこで起こった事故、それに対して

総括パネルディスカッション

東京や日本という国家、その二つの間の関係を問題にしていました。その際に吉原先生が問題視されたのは、福島にいる人たちが被害者意識という方向で思ってしまい、中央を、言ってみれば加害者のように捉えてしまうという点でした。それだけでは、その両者の間に分断が起こるだけであると指摘されました。

そこをどう変えていくかについて、吉原先生はコ・プレゼンスという概念を持ち出し、そこが出発点になるのではないかとおっしゃったわけです。具体的にはボランティアの方々が都会から避難所に行って、その目の前で苦しんでいる人たちに直面して言葉を失う。その苦しみをじかに感じること、相手の言葉を聞くことが一種の出発点になる。そこで、都会と田舎との対立を超えた次元で、両者の関係が可能になるのではないか。ただし、それを実現するのは非常に難しいという結論であったと思います。

青木先生の発表においても、ある意味では原発立地地域とその周辺が問題になっており、再生可能エネルギーは、原発のようなテクノロジーが持っている中心のための電力供給を周辺地域に頼るという行動そのものを転換・変換する可能性、いわゆる脱中心化された分散的なエネルギーシステムに移行する可能性を秘めている、という指摘がありました。そういう指摘があった上で、具体的に、その運動がどのように成り立ってきて、そこに都市がどのように入り込んできたのか、それが総合整理されることによって、どのように運動が盛り上がっていったのかということが語られていたと思います。以上のようにまとめられると思います。

さらにその上で、カシューバ先生にお聞きしたいことがあります。青木先生によれば、ドイツは社会運動社会に変わっていった。つまり、反原発運動を出発点にすることによって、市民が参加して、さまざまな問題提起を行って、政治の中に変化をもたらしていくという社会運動社会にドイツがなっていった。多くの人たちが社会運動に参加する。カシューバ先生がたくさん出された例では、テンペルホーフ空港跡地もそうですが、ビュルガーイニシアティーヴェつまり市民運動がベルリンにはたくさんあり、それらが、現在の都市のさまざまな、ノイケルン地区も

含めて、住環境や開かれた都市空間を維持するようになっています。

　また、シンポジウムとは別の所でカシューバ先生に聞いたのですが、現在ドイツには難民がたくさん押し寄せてきており、それに対する支援活動が市民レベルで活発に行われている。そこに青木先生が言う社会運動社会というドイツの積み上げみたいなものがある。つまり、市民が身近な問題に関して参加していくという経験が市民の中にあり、それが今のベルリンの人たちが行っている難民への支援運動につながっている。そういう形で現在のドイツの都市がある。

　そこへ先週、フランスでテロがあり、そのフランスでは非常事態宣言が出されて、ムスリムの人たちの住居に警察が入り込んで、彼らをどんどん逮捕するということが起こっている。今日もロンドンではまたテロがあったという話です。その中で、ベルリンがつくり上げてきた多元的な市民社会が、これから試練に直面する可能性があるのではないかと思うのですが、今までつくられてきたベルリンの開かれた社会が、こういう危機に対してどう対応できるかを教えていただきたいと思います。

（カシューバ）　これは大変難しい質問だと思います。戦後のドイツの社会を見ますと、終戦直後、1950年代はいわゆる墓場社会と言われました。例えば核戦争の危機があったときに、反対はあったのだけれども、墓場と同じように、こっそりと目に付かないように反対運動をするというのが1950年代の傾向でした。

　1960年代になると、新しい消費財が入ってきて、家で人々はテレビを見るような生活が始まってきました。

　1970年代、1980年代になると、今度は市民運動が盛り上がりを見せて、例えば平和運動やエコロジー運動、差別をなくすジェンダー運動などが出てきて、このあたりから、このような運動が、特に全国レベルではなく、地元レベルで行われるようになったことが大事な点です。

　例えばベルリンやボンなどでそういうデモがあると、5万人が一度に集まることができるようになったのですが、これが一発のキャンペーンに終わらず、継続されないと意味がないということも言われました。市民社会と

は、いわゆる近隣住民などを巻き込んでいく。例えば町や地域の緑化、学校問題、あるいは交通、道路をどうするかという問題、家の近所にオーガニックの店がないことや、最近では難民問題があります。これはコミュニティレベルの問題です。あるグループは一つのテーマしか持っていませんが、あるグループは複数のテーマを持っていてそれらをプログラム化しています。

（ラートカウ）　今、1950年代は赤い時代と言われたので、それに対して反論したいと思います。二人で議論することになるのですが。私はいわゆる修正主義者です。

　1950年代にももちろんプロテスト、抗議運動はたくさんありました。例えばゲッティンゲンの物理学者が国防軍に対してゲッティンゲン・マニフェスト（ゲッティンゲン宣言）を出したりしましたし、1968年の学生運動は非常に有名でしょう。ただ、その時代になると少し傾向が変わって、1950年代の方が逆に盛んで、1968年は少しネガティブな感じで見られていたと思います。もちろん、いろいろな抗議運動の中ではさまざまなシーンがあって、そのシーンごとに妥協があったと思います。

　少し話が飛びますが、先週の土曜日に、ユーロネイチャーという環境保護団体の会長と会って話をしたのですが、彼によれば、今はドイツは環境国というよりも移民の問題が中心で、他の問題が隅に押しやられているとのことでした。

（カシューバ）　1950年代、1960年代の当時の西ドイツでは、政治的に反対運動を起こすことは難しかったし、組合運動やエコロジー運動をすること自体が難しい時代でした。私は1968年の学生運動を別にロマン化するつもりはないのですが、二つの要素があったと思います。まず一つは都市の歴史を考えたとき、さまざまな人たちがいるのですが、そういう人たちとどう向き合っていくか、どう取り組んでいくかです。2番目は市民社会というものです。市民社会には当然いろいろなコンフリクトがあるのですが、それについて話し合いをするということです。

　例えば今日、パリであのようなテロ事件が起きましたが、話し合いや交渉、ディスカッションはまだ続いてい

ますし、絶対安全な場所はこの世界にないといえばないのです。逆にテロの犠牲になった方々の家族は、テロ事件の後すぐにパーティーをしたり、お祭りをしたりしています。それはなぜかというと、自分たちは強いからと強さを見せるのではなく、われわれはそんなテロがあっても、それに屈することはないという意思表示という意味で、今までどおりの生活を続けている。ああいう事件があったにもかかわらず、やはり市民社会は、今までどおりのオープンなライフスタイルを維持していくことが大切です。また、この場合は、市民団体をつくるよりは、例えば5万人の市民団体の会員が参加する方が意義があるのです。

(ラートカウ)　二人だけの議論になって少し申し訳ありませんが、私は少し違う立場でお話をしたいと思います。例えば先ほど、地元住民のいわゆるローカルイニシアティブというのが非常に大事だと言っていましたが、それは社会運動のコンテクストではいいのかもしれません。私がこの40年間取り組んでいるテーマである反核運動に、ローカルは確かに大事です。ただ、ローカルイニシアティブのレベルで終わると、地元で何かを達成することはできるが、反核運動というのはローカルな問題ではないので、学生や政治家、法律家、裁判所、教会、そういうものをネットワーク化しないと何も得ることはできません。

例えば福島の事故があって、その後フェルムバートナー氏と会って、一つの本を書きました。日本の環境運動をお手本にできたような本です。われわれが福島で発した質問は、日本の反核運動においては、そういう組織内の運動団体が世界にこのことをなぜ発信しないのかです。それを聞くと、彼らとしては、あくまでも地元の運動であって、自分たちの事務所や拠点を東京に構えたくないし、自分たちのスタンスだけでやっていきたいということでした。だから、彼らはネットワーク化を考えていないのですが、反核運動である以上は、ネットワーク化をしないと何も達成できないと思います。

(大場)　ただ今のディスカッションの中で、一つは原子力発電所の反対運動、反核運動の話も出てきました。また、多様な市民社会の中で、コンフリ

総括パネルディスカッション

クトをどう調整するかという話も出てきたかと思います。それぞれ昨日、ご報告していただいた方もいらっしゃいますので、その辺を踏まえた上でコメントを頂ければと思います。

青木先生、いかがでしょうか。

(青木) 昨日、ドイツの原発反対運動の話をしましたが、そのとき少しはしょったというか、昨日は重点を置かなかった点をお話しします。ドイツの脱原発で重要なのは地元の運動だということを昨日は強調したのですが、そのスタンスはもちろん変わりません。しかし、やはりそれと同時に運動間のネットワークも大事だと思います。

具体的に言うと、ドイツでは連邦レベルでの「連邦協議会」Bundeskonferenz があって、州レベルの個々の運動が、年に1回とか月に1回、情報交換する集まりがあると文献にあります。恐らく、そういうところも、もちろん重要であると思います。

もう一つ大きい問題としては、これも昨日省いたのですが、ドイツの原発反対運動で重要であったのは、反対レベルでの運動が活発に展開されたのと同時に、政治のルートを使って、議会制民主主義の内部に入って「制度化」していったという言い方をしますが、制度の内側から変えたルートもあったということです。この二つのルートで運動を行ってきたというのが、ドイツが脱原発に成功した大きい理由だと思っています。ですので、ラートカウ先生のおっしゃることも、もちろんそのとおりだと思います。

その一方で、私が昨日、強調したかったのは、そういったつながりや全国レベルの運動も重要でしたが、やはり地域の事情を考えてほしいというのが昨日の主張でした。

また、昨日は単純に話していたのですが、住民やローカルレベルを見るとき、住民と一言で言っても、住民の中にいろいろな人がいて、地域も一枚岩ではないということも一つ言っておきたいと思います。それを踏まえると、地域が運動するときに、地域内でも実はコンフリクトは起きてしまうことがあります。ですので、ローカルなことを考えてほしいというのは、その意味も実は含意しており、一枚岩ではない住民や、住民の中の多様性や多声性、時間がたっていくにつれて同じ人でも考えが変わっていくようなことがある

中で、運動を進めていくことの大変さを考慮した脱原発やエネルギー転換の話を進めてほしいという思いがあります。

　それから、もう一つだけ申し上げておくと、先ほどの前半の議論で環境というテーマがありました。環境問題は、日本では公害の歴史から始まっていますが、だんだん日本では「公害」という言葉は使われなくなって、どちらかというと「環境」という言葉にすり替わっているような側面があります。それには少し違和感を覚えているところです。

　それと同時に、かつては環境対人間活動、環境対開発のような図式で捉える傾向が強かったのですが、今は環境対環境なみたいな、つまり環境を守ろうとすることが、ある人の環境を阻害するということも起こっていることを、一つ指摘しておきたいと思います。これは再生可能エネルギーの問題などで顕著です。例えば風車を建てようとします。それ自体は環境に優しい活動なのですが、それがある地域の人たちにとっては、音がうるさいとか、生活を破壊するような原因になり得る。実際になるかどうかは分からないですが、そういう不安を持つ方がいる。その意味では、ある環境に優しい活動が、ある人の環境を害する可能性があるという意味で、環境をめぐる運動・活動に関しては、誰にとっての環境なのかが問われてきます。環境と一言で言っても、どういう環境を守りたいのかというコンフリクトではないかと思っています。

（ラートカウ）　今、青木先生がおっしゃったことは非常に大切なアスペクトだと思うのです。ヴィールがなぜ止まったのか。その一番のきっかけは、フライブルクの行政裁判所が建設にストップをかけた判定でした。なぜかというと、地元の運動が続いて、建設が毎日毎日遅れていくので、遅れるたびにコストが掛かっていき、最終的にはそのコストが高過ぎるということで、フライブルク行政裁判所が建設停止を判決として出しました。

　多分、そのときの地元のイニシアティブは、それほどたくさんデモをしたわけでもないのですが、そのスポンサーであったマックス・ヴォーカーなどが連邦行政裁判所、あるいは裁判官、法曹界にうまく働き掛け、いわゆ

る経済性のためという理由で、最終的にはフライブルクの行政裁判所が判決を出したわけです。それでもあえて言えば、安全面で1970年代の日本の環境政策に関する報告書が影響を与えたり、アメリカでの結果が影響を与えたりということもありました。しかし、現在では経済性よりも安全性が優先されています。そういう背景がありました。

（カシューバ）　世界史を見ると、いろいろな運動がありますが、肝心なのは、運動がまず先にあり、その運動をどこまで法的に合法化できるか、そこが決定的なところだと思います。例えば反核運動やエコロジー運動などのいろいろな運動が数十年間続く中で、いろいろな市民団体、「オルタナティーベ」Alternative と言われる人たちが新しい知識を持ってきました。

　逆に言えば、今のようにインターネットが使える時代になると、新しい知識によって、今まで正しいとされたことが、逆に正しくないことが分かることもあります。そういう形で、自分たちの経験や知識を広げることが、今の運動で非常に大切です。どの運動を起こすにしても、最新のツールを使ってコミュニケーションを使う、いわばコーポラティブに仕事をする。これがいわゆるコ・プレゼンスの一つの形でもありますし、それによって、専門家に聞いて、専門家がインターネットで知識を広めることもできます。［ラートカウ］先生がおっしゃったのは、いわゆるシビックサイエンス、いわゆる市民の知識レベルを高めることだと思います。専門家の意見もありますが、都市計画などでは、エコロジー面でもエンジニアなどが最新の知識を市民の知識として広めることが、運動の成功につながっていきます。

（ラートカウ）　シビックサイエンスは私も非常に気に掛かる点なので、一言言わせてもらいます。1974年に私が最初のセミナーをやったときに、学生を連れて現場、ヴュルガッセン・アン・デア・ヴェーザーという所に行ったのです。このときにカールスルーエの核物理学研究所の専門家にも同行してもらいました。私ががっかりしたのは、彼らに原発の安全性を聞いたときに、安全性について彼らはそれほどの知識がなかった。そういうところで終わる

のですが、そのとき、バスの運転手が急に手を挙げて、いわゆる彼の知識で、安全性はないということで、核物理学者をかなり論理的に追い込んだという経験があります。

　そういう意味で、原子力ムラなどに対して闘うのであれば、やはり市民が知識を持つこと、いわゆるシビックサイエンスが非常に大事だということの実例をお話しさせていただきました。

（カシューバ）　テロの後も多くの都市を守ろうというのは、先ほど言ったとおりです。また、東京でホームレスが追いやられているという昨日のお話がありましたが、ここにもシビックサイエンスが非常に役に立ちます。例えばヨーロッパの都市もホームレスがいる所がありますが、ホームレス自身が自治組織をつくったり、さまざまな支援団体があったりもします。そういうところがしているのは、ホームレスの人たちに新聞を売ってもらって、例えば地下鉄の駅などで新聞を売って、ある程度お金を得るような形をつくる。これであれば、今まで乞食をやっていた人が、新聞を売るという労働によって対価を得られます。これで政治的な合法性が成り立つのです。

　二つ目は、ヨーロッパの多くの都市では、日本も多分そうだと思うのですが、お金のない人は、空きビンや空き缶を集めて、それをお金に換えます。昨日の東京の例［菅報告参照］を見ると、今までホームレスがいた川岸に花を植えたり、石を並べたり、あるいはベンチを寝ることができないような形にしたりということをして、ホームレスが隅に追いやられています。一方、ベルリンの市民団体が最近やった例では、植物が置いてある所に、今度は逆に、ホームレスの人を使って水やりをやらせるのです。そうすると、今まで追いやられていたホームレスが、逆に水やりという形で、そこに参加してくる。そうなると、今度は違う立場でホームレスがそこに参加をすることができるようになるわけです。

（大場）　少しずつ話が都市の問題に移ったということもあり、先ほどから出ているのは、市民社会に新たなコンフリクトがもたらされたときに、それをどのように調整をしていくかという問題にもつながってくるかと思います。その点も含めて、昨日、一昨日、

総括パネルディスカッション

ご報告いただいた森先生から何かコメントがあれば、よろしくお願いします。

（森）調停等も含めてなのですが、先ほどのお話で、ローカルではなくて、ネットワークこそが重要なのだという話になっていたと思います。その点に関しても同様のことが言えると思うのですが、ずっと議論を聞いていて、ローカルという言葉の使い方が、どうもぶれてきているような気がしました。あらためてこのローカルということを、どういうふうに私たちは使っているかが気になったのです。このことを一つ目に言いたいと思います。二つ目に別のことを言いたいのですが。

一つ目の話ですが、私がローカルという言葉を使うときには、むしろ現場を見るという意味で使っています。ローカルな社会で起こっていることをローカルなコンテクストの中で見るというときに、私が非常に大切にする言葉が「現場」を見ることです。そこで起こっていることをどう見るかというときに、私が大切に思っているのは、アクターネットワークです。どの人がどのような役割をしていて、その人、それぞれの個別のアクターの裏側にどんなコンテクストがあるのか。

ある登場人物、1人のアクターは、ナショナルなコンテクストで動いたりもしますし、場合によってはインターナショナルなコンテクストで動く人もいます。例えば病院の人がいたり、役場の人がいたり、社会運動家がいたり、ソーシャルワーカーがいたり、そういう人たちがどう相互に動いているのかを見ることを私は大切にしているので、それはまさにネットワークです。

ネットワークの重要性については、まさにそのとおりと思っているのですが、ローカルという言葉を、それによって捨てることはできないと思うのです。ローカルという言葉に対応するのはグローバルという言葉だと思うのですが、そのグローバルという言葉とローカルという言葉は、パースペクティブの違いではあるけれど、私たちが問題を議論するときには、ローカルなところからグローバルなものを考えていくという、あるいはグローバルなところをいったん見た上でまたローカルなところに戻っていくという、その往復運動をしているのだと思うので

す。ですので、少しこの言葉の使い方がずれてきてしまっているということを考えました。私の使い方がおかしいと言われたら、それまでなのですが。もう一回言葉を鍛え直した方がいいのではないかと思った次第です。

これにつなげて、カシューバ先生が先ほどより、インターネットでのネットワークこそ今考えなくてはいけないとおっしゃっていました。まさにそのとおりなのですが、これを「現場」という言葉を考えたときに、インターネットでのネットワークを仕込んでいくことは重要で、それに対する視点をもつことは私たちには必要ですが、逆にインターネットのネットワークだけでこうしたことが運ぶだろうか。そこはまだ一つクエスチョンマークで、現場で起こっていることを見る、そこにインターネットが働いていることを見ることは必要だと思いますが、インターネットだけでことが済むかどうかに関しては、当面保留しておきたいと思います。これが一つ目です。

二つ目は、もっと全体に関する感想に近いのですが、今回の３日間のシンポジウムは非常に多岐にわたるテーマを扱っていたのですが、環境と都市と開発に、もう一つ歴史が入っていた。私が日ごろしている学問の分野では環境、開発、都市が入ってくるところに、このシンポジウムでは、歴史の視点を持ってきて議論を進めることができた点を感心して見ていたのです。非常に広い分野にわたる議論で、それぞれ別の専門家がいますが、見ようとしているところは同じです。都市を研究している人であろうとも、環境を研究している人であろうとも、現実世界の問題を同じように議論できた。そのときに、歴史が一つの糸口になっていることが大変面白かったです。

もう一つ、その中で、「環境」という言葉よりも、むしろエコロジーという言葉の方がしっくりいくような気がしたのは、なぜだろうと思いつつ、その種の人たちが使うボキャブラリーが、今むしろエコロジーであって、ここで議論したことは、それと近いのではないだろうかということを考えていました。先ほど、問題が都市の中で起きつつあるという意見がありましたが、都市の中で起きているのであると同時に、都市の外で起きていることを、都市の中で議論する世紀になりつつあるなということも考えました。

総括パネルディスカッション

（大黒）一言言わせてください。今、森先生がおっしゃった環境、歴史、都市に関してです。今日お話しいただきました佐野先生は、今日はそれに触れなかったのですが、先生のご研究で私の印象に残ったことがあります。ここで紹介したいと思います。

佐野先生は、現代の環境問題に、歴史家はどう貢献できるのかということを真剣に考えておられます。例えば先ほど関西学院大学の朴先生がおっしゃった、今のコンクリート護岸を壊した後、どうやって元の状態に戻すかというとき、どの時点の状態に戻すのか。20年前の姿に戻すのか、50年前か、100年前か。そのためには歴史家が正確なデータを出さないと決められない。しかし、どれを選ぶかという基準は現在の生活における美意識です。

そういう意味では、歴史学も将来をにらんでいるわけです。過去は研究するけれども、また過去は必要だけれども、それは現在と将来をにらみながら行うことである。そういうことを佐野先生が書いておられました。そういう意味では、コンクリート護岸を壊してどうするかという問題にも、歴史学は過去の正確な姿を提供することによって寄与することができると思います。そういうことを一言付け加えさせていただきます。

227

第Ⅳ部　文化接触のコンテクストとコンフリクト

（大場）　先ほどの森先生のコメントに対して、どうぞ。

（カシューバ）　みんなやはり天国を目指しているという点では一番一致しているのだと思います。理想郷を求めているという点ではそうです。

　今までの歴史が示しているのは、その都度その都度、違う形でいろいろなものと取り組んでいくということで、これがいわゆるこの3日間のテーマであるコ・プレゼンスだと思います。われわれ歴史学者は、これまでの経験の蓄積でヨーロッパの近代化に貢献してきたわけですが、何も過去をロマン化して、昔が良かったとか、あのときは良かったとかというのではありません。その当時はその当時で、やはり闘いがあったりコンフリクトもあったわけです。

　それから都市は、いろいろなものと関わっていきます。周辺であったり、人間であったり、いろいろなものがあり、そこでまた新たな関係を構築していかなければなりません。

　例えば、日本のことはよく分からないのですが、食料品産業では、スーパーにあるような量産品から、地方を中心としたオーガニック食料品もあります。これが町にどう持ち込まれるかというと、例えばパンにしろジャガイモにしろ、いろいろなものがニュージーランドから来るのではなく、ベルリンから50kmほど離れた農業地区、ブランデンブルクから来るような、そういう関係になると思います。食品生産と消費者の関わりがどのようになっているかについては、もちろん資本主義そのもののあり方によっても変わってくるわけですが、そういうことを話しながら、将来を考えていくのだと思います。

（ラートカウ）　先ほど、再自然化をどこまで望むかという問いがありましたが、恐らくそこまで戻る必要はないと思います。例えばロシアのプーチンが『シュピーゲル』［ドイツの月刊誌］のインタビューで、ロシアではフルシチョフが改革を行った20～30年前まで戻れば、ロシア人に環境意識をもう少し意識させることができるだろうと言っていました。

　あるいは、スイスのクリスティアン・フィスターは、「ヨーロッパ環境史学会」European Society for Environmental History の人ですが、1950年代みたいに、石油の使用量や消費を監視すべきだということも言っています。

　それからエコロジーで大切なのは、世界中でバランスを取ることが必要であるということです。ですから、そういうことを全部考えてみると石器時代まで戻る必要はないと思います。

（カシューバ）　私は戻る必要はなく、逆に前へ進むのだと思います。例えば東ドイツの例を挙げますと、旧東ドイツの時代に農地であった所は、例えば石炭を掘るために町全体を全部掘り下げて、10〜20年後には全く使えない土地になりました。そういう所を再自然化のために、水を入れて大きな湖を造ることにより、ベルリンから車で1時間ほどの所に自然環境の素晴らしい湖ができる。これによってレクリエーションの場として観光業の活性化に使うことができる。

　そういう意味で、過去に戻るのではなく、前向きに違う方向に行くというのが一つの方向です。また酪農などでは、新しい品種の動物を掛け合わせてつくったりすることもあり、これも戻らずに前進して新しい形態を生み出します。その際に考えるべきは、例えば自然をどう活用するかで、一つの可能性としてあるのは観光業であると思います。

（ラートカウ）　私もその意見には賛成で、エコロジーを中心に、戻るのではなく進んでいくべきだと思います。私が出しているテーゼの一つはいわゆる隠れた経済活動で、その一つが電気革命です。日本などではとくに、大きな発電所を造ってそこから全国に引くのではなく、発電を分化させる、いわゆるスマートグリッドという考え方が進んでいます。これに対し、例えばソーラーや風力は日が照らなかったり、風が来ないと動きません。そこで、それをネットワーク化する必要があります。

　つい最近、会社名は挙げられないのですが、私は日本の電機メーカーの人と話をしたことがありますが、スマートグリッドは将来性があるのではないかと思いました。ソーラーなども考えたのですが、ソーラーは中国が完全に世界市場を支配している状態です。

（大場）　時間は超過しているのですが、せっかくの機会ですので、フロア

第Ⅳ部　文化接触のコンテクストとコンフリクト

の皆さまからも、質問やコメント等があれば、お出しいただければと思います。

（質問者2）　九州大学専門研究員の大場はるかと申します。専門はドイツ語圏の近世史です。3日間、大変興味深いお話を聞かせていただきました。昨日と一昨日の午後は来ることができなかったのですが、全体を通して少し気が付いた点が1点ありましたので、質問させていただきます。環境と生活圏と都市の関係ということでしたが、歴史的な観点からお話しされた先生が、あまり防衛のことに触れていらっしゃらなかったので、防衛と環境、生活圏、都市との関係ということについて、何か追加でおっしゃっていただけないでしょうか。

（大場）　防衛というのは国防ということですか。国を守るということですか。

（質問者2）　いや、都市などもそうだと思うのですが、ドイツ語でいうVerteidigungです。

（大場）　Verteidigung、国を守るということですか。

（質問者2）　都市を守るために水や森が昔は使われていたと思うのですが、それが現代になるにつれて使われなくなったことで、共同体と国との関係などが変化したのではないかと思い、そのあたりを何か指摘してくださる先生がいらっしゃいましたらお願いします。

（カシューバ）　19世紀は、まだ工業化以前の問題で、そのころは資源を守るということだったわけですが、それには気候であったり、いろいろな要素があります。例えば東京のような一千万都市を守るために、昔の城壁都市のように、壁を造って守ることは非現実的でまずできないと思います。

　しかし、今議論されているのは、ヨーロッパもそうなのですが、これ以上、都市が成長したらどうやって守るのかということです。例えば守るために、エコロジーの問題、交通の問題、自転車の問題なども出てきます。それに、今ヨーロッパでとくに問題になっているのは、移民が川の堰を切ったように押し寄せてきていることです。例えばそういうのを受け入れるだけのスペースあるいは資源が本当にあるのか

どうかと問われると、以前であれば、はっきりとノーと答えたと思うのですが、今はそういうわけにもいかない。今は現実的には、頭の中の壁はできても町に壁を造ることはできない。そういう感じです。

（質問者１）　再び関西学院大学の朴勝俊です。質問ではないのでお答えは不要なのですが、今日、ラートカウ先生のお話の中で、日本の反原発運動にはネットワークがない、とくに裁判、弁護士のネットワークがないというお話がありましたが、それは違うということだけをお話しさせていただきます。

　私自身、大学生だった1993年ごろから反原発団体に所属しておりました。それは枚方市というローカルな所で、敦賀市にある「もんじゅ」という高速増殖炉に反対をするグループでした。そのグループが全国とのネットワークを有してしていたことが印象的でした。六ヶ所村とか各地の原発地元との間でネットワークがありましたし、その他にも「反原発新聞」というミニコミ誌があって、これを読めば全国の様子が分かりました。

　そして、日本の反原発運動は、一つ

の戦術として裁判を重視していました。最初の重要な裁判は、四国の伊方原発の裁判です。ここでは原発に批判的な京都大学の小出さんをはじめとする方々が証言をされたのですが、その際アメリカの専門家からもらった情報で、アメリカではこんなふうになっていると議論するわけです。しかし、電力会社側や政府側の専門家は全く反論ができない。議論では全く小出さんが有利だったのですが、なぜ負けたか。裁判の最後の段階で、裁判長が替わる。その人が負けさせた。そういうことがずっとありました。だから、裁判に勝つのは難しかったのです。

　ですから、そういう活動をしてはいたのですが、日本の運動に弱点があったとすれば、ドイツと違って緑の党のようなものをつくろうとはしなかった、できなかったという点にあります。とくに運動をされている方々には、権力への意思というものがなかったと感じています。

（大場）　他にいかがでしょうか。

（大黒）　それでは、皆さんお疲れと思いますので、このあたりで3日間にわたった国際学術シンポジウムを終わら

せていただきたいと思います。最後に一言だけ私の方から運営委員会を代表して、ご挨拶とお礼を申し上げたいと思います。

　この3日間、海外からの報告者のラートカウ先生、カシューバ先生、また日本各地から来ていただきました報告者の方々のご協力を得まして、無事終えることができました。本当にどうもありがとうございました。これだけ充実したシンポジウムに、もう少し参加者を集めたかったのですが、われわれの力不足でかなわなかったのが残念です。大変もったいなかったという気がしております。

　もう1点、こういうシンポジウムは、結論が分かっていればする必要がないのであって、ある種の危機感のもとに、いわば発見的な概念を提示して、それに皆さんが関心を示して中身を豊かにしてくださることが一番大事なことだと思います。今回の3日間のシンポジウムで、われわれは、哲学で言いますと、マテリアを提供したのであり、報告者の皆さんがこのマテリアにフォルマをしっかり加えてくださいました。どうもありがとうございました。

（カシューバ）　この3日間、私たちもここに呼んでいただいて、たくさんのことを勉強することができました。本当に良い機会を頂くことができて感謝します。

　それから、通訳に対するねぎらいの言葉は割愛させていただきます（拍手）。

（大黒）　通訳の方にお礼を申し上げるのを忘れておりました。すみませんでした。

（大場）　それでは皆さん、3日間どうもありがとうございました。

大阪市立大学　平成27年度　国際学術シンポジウム

『文化接触のコンテクストとコンフリクト
　　──EU諸地域における環境・生活圏・都市』

Kontext und Konflikt der kulturellen Begegnungen:
Umwelt, Lebensraum und Stadt in den EU-Regionen

プログラム

開催日時：12月4日～6日（3日間）

12月4日（金）　講演会　於大阪歴史博物館講堂
大阪市立大学・大阪博物館協会　共催
10：15─10：30　開会挨拶および趣旨説明（Official Opening）
　　　　　　　西澤良記（大阪市立大学学長）
　　　　　　　小田中章浩（大阪市立大学大学院文学研究科科長）

講演第一部　　〈都市と森林〉
10：30─11：50　ヨアヒム・ラートカウ（ドイツ・ビーレフェルト大学名誉教授）
　　　　　　　"Die alte Stadt und der Wald: Verborgene Ursprünge der Nachhaltigkeit
　　　　　　　（古い都市と森林：持続可能性の隠された起源）"
11：50─12：30　佐久間大輔（大阪市立自然史博物館主任学芸員）
　　　　　　　「都市大坂を支えた西日本の自然──需要地としての都市に直結していた農山村の里山像」

12：30─13：30　昼休憩

講演第二部　　〈都市における文化接触とコンフリクト〉
13：30─14：50　ヴォルフガング・カシューバ（ドイツ・フンボルト大学教授）
　　　　　　　"Europäische Metropolen: Von der Bürgerstadt zur Kul-

turstadt?

（ヨーロッパのメトロポリス：市民都市から文化都市へ？）"

14：50—15：30　　森　明子（国立民族学博物館教授）

「街区はいかにつくられたか――開発・再開発と保育園」

15：30—16：00　　質疑応答

12月5日・6日　公開学術シンポジウム　於田中記念館（大阪市立大学主催）

10：30—12.30　　セッションⅠ・「合同生活圏」――共生か敵対か？

・コーディネーター・司会：海老根剛（大阪市立大学文学研究科准教授）

・報告者：　　菅　　豊（東京大学東洋文化研究所教授）

「争いのゾーン・都市の周縁部――リヴァーサイドは誰のものか？」

吉原直樹（大妻女子大学社会情報学部教授）

「「犠牲のシステム」を越えるコ・プレゼンスは可能か？――原発被災民と都市住民の間」

青木聡子（名古屋大学大学院環境学研究科准教授）

「科学技術による"合同生活圏"の構築？――原子力施設立地にみる都市と周辺、ドイツにおける幻想と抗い」

12月5日　13：30—15：30　　セッションⅡ・都市におけるセグリゲーション

・コーディネーター：北村昌史（大阪市立大学大学院文学研究科教授）

・司　会：　　大場茂明（大阪市立大学大学院文学研究科教授・都市文化研究センター所長）

・報告者：　　ヴォルフガング・カシューバー（ドイツ・ベルリン大学教授）

"Urbane Gesellschaft im öffentlichen Raum

（公的空間における都市社会）"

森　明子（国立民族学博物館教授）

「移民が語る都市空間」

北村昌史（大阪市立大学大学院文学研究科教授）
「嫌われた住宅地の社会史——ブルーノ・タウト設計「森のジードルング」」

12月6日　10:30—12.30　セッションⅢ・境域をめぐる環境史
・コーディネーター：大黒俊二（大阪市立大学大学院文学研究科教授）
・司　会：　　　祖田亮次（大阪市立大学大学院文学研究科准教授）
・報告者：　　　ヨアヒム・ラートカウ（ドイツ・ビーレフェルト大学名誉教授）
"Das turbulente Element Wasser: Wo die Umwelt-geschichte alle Grenzen sprengt
（撹乱要因としての水——環境史はどこですべての境界を突き破るのか）"

佐野静代（同志社大学文学部文化史学科教授）
「日本の「里湖（さとうみ）」の環境史——水陸移行帯の利用と管理をめぐって」

井黒　忍（大谷大学文学部講師）
「治水から利水へ：中国史上における資源分配をめぐる国家と社会、そして民族」

12月6日　13:30—15:00　総括パネル・ディスカッション
・司会（2名）：　大場茂明（大阪市立大学大学院文学研究科教授・都市文化研究センター所長）
　　　　　　　大黒俊二（大阪市立大学大学院文学研究科教授）

「合同生活圏」をめぐって——「おわりに」にかえて

　本書成立の経緯については冒頭の「はじめに」に述べられているので、ここでは繰り返さない。ここではシンポジウム当日の報告と討論によってシンポジウムを盛り上げ、また報告原稿の執筆によって本書の刊行に協力してくださった報告者諸氏に心より御礼申し上げたい。このシンポジウムは副題にあるように「環境・生活圏・都市」を対象としたものであったが、諸般の事情で環境関係の報告は、冒頭のラートカウ氏のものを除いて本書に収めることができなかった。この点は残念ではあるが、このことによってかえってシンポジウムの一つの重要な論点が鮮明に浮かび上がってきたように思われる。その論点とは「合同生活圏」である。本書の最後に「おわりに」にかえてこの点にふれておきたい。

　本書所収の諸報告や討論をみてもわかるように、このシンポジウムを貫く一つのキーワードは「合同生活圏」である（シンポジウムの副題では「生活圏」となっているが、これは単にタイトル簡略化のための措置である）。この言葉はシンポジウムの前提となった頭脳循環プログラムのキーワードであったが、じつはこの言葉の意味内容について我々にはっきりした理解があったわけではない。それは一つの曖昧で不定型な地域概念であった。それを私の理解であえて説明すれば、おもに都市内部で、ある場合は開発によって人工的に作られ、ある場合は住民の日常生活の中から半ば自然発生的に生まれてきた地域であり、行政区とは必ずしも一致しないが固有の性格やアイデンティティを有している地域である。本書の報告から例を取れば、東京・隅田川河畔の新開発地域（菅報告）、ベルリンのクロイツベルク（森報告）や「森のジードルンク」（北村報告）などがこれに相当する。とはいえ、こうした説明で曖昧さが払拭されるわけではなく、そのためさまざまな方面から「合同生活圏」とは何を意味するのか、この言葉で何を明らかにしようとするのか、という疑問が寄せられた。その都度我々は返答に努めたものの、その答えが明確であったとはいえない。にもかかわらず我々はこの一見平凡な言

葉に執着し、ある手ごたえを感じていたのは事実であり、それゆえこれをシンポジウムにおいても議論の一つの中心に据えたのである。

これに対し、報告者諸氏は陰に陽にこの語を意識し、各人各様にこの模糊たる概念に具体的な意味内容を加えるべく努力してくださった。その結果として「合同生活圏」は刺激的で内容豊かな用語に生まれ変わった。この点をシンポジウムの一つの成果として強調しておきたい。それでは新しい意味を賦与された「合同生活圏」とはどのようなものなのか。以下では、各報告に見え隠れする諸特徴をつなぎ合わせて新たな「合同生活圏」の姿を再構成してみることにする。

合同生活圏が見て取れるのはその周辺部、とくに他の合同生活圏と接する部分である。接触の場は二つの生活圏が対立（コンフリクト）する場となり、逆に共存を模索する場ともなり、あるいは対立や共存が存在しながら見えない、ときには隠される場ともなる。例えば、青木報告においてヴィールという村は、村という伝統的共同体（ローカル）が原発というグローバルと接して激しい対立の場となったのに対し、北村報告が取り上げる新興の庶民向け住宅地「森のジードルンク」は、建設当初から祝祭を催して隣接する高級住宅街ツェーレンドルフとの平和的共存を図った。他方で菅報告は、よく整備された墨田河畔のベンチや花壇、それらが生み出す健康で平和的な光景にホームレス排除の隠れた意図を読み取り、ここに新興住宅地住民とホームレスとのコンフリクトを見出す。「森のジードルンク」の祝祭は隣接ツェーレンドルフとの平和的共存を意図したものであったが、その背後にあったのは、大きく性格の異なる居住区の隣接は将来コンフリクトを生み出すかもしれないという予感であっただろう。同様の潜在的コンフリクトは、森報告の主人公イスメットがツェーレンドルフを訪れたときに感じる違和感むしろ疎外感にも見て取ることができる。すなわち合同生活圏が接する場は、顕在的であれ潜在的であれカシューバ氏の言う「争いのゾーン」Kampfzone[*]なのである。合同生活圏はその周辺部に「争いのゾーン」を生み

---

[*]　W. Kaschuba, "Kampfzone Stadtmitte : Wem gehört die City?" *Forum Stadt*, Heft 4, 2014, S.357-376. ここでは北村昌史氏による翻訳（未刊）を使わせていただいた。なお、このKampfzoneは本書の菅報告では「戦闘地帯」、カシューバ報告（大場訳）では「闘争の場」と訳されている。

出し、「争いのゾーン」においてその性格をあらわにする。

　しかし、合同生活圏の周辺部はつねに「争いのゾーン」と化すわけではなく、「森のジードルンク」に見られるように共存を模索する場ともなりうる。さらに周辺部は、コンフリクトと共存という言葉に還元できない複雑で変化に富む場、絶望と希望が交錯する中から新たな共同性が生まれてくる場ともなる。そうした場について、吉原報告は、福島県大熊町の人々が避難先で立ち上げた「サロン」に即して語っている。原発事故の後、故郷を追われ避難所生活を余儀なくされた大熊町の人々がおかれた立場は、一面では青木報告におけるヴィールの人々のそれに似ている。いずれにおいても苦難の根源は原発であり、対立の構図はローカル（伝統的共同体）対グローバル（原発）である。しかし両者の違いは大きい。ヴィールでは苦難は予感であったが大熊では現実のものとなった。しかし、何よりもヴィールの人々が抗議の声を上げたのとは対照的に、大熊町の住民たちは被害者意識に閉じこもり沈黙しがちとなった。吉原報告は、そうした自閉と沈黙が「サロン」を通じてボランティアという他者と出会い交流を重ねることで、新たな共同性が生まれてくるありさまを描いている。吉原氏はこの共同性は、積極的な「支援」ではなく、まして「国策」ではなく、単に相互に「寄りそうこと」、「傍らにいること」で可能になったと言い、そうした共同性のありかたを「コ・プレゼンス」と呼んでいる。大熊町の例から吉原氏が伝えようとしているのは、「争いのゾーン」は「コ・プレゼンス」の場に変わりうる、いや変えることができる、というメッセージであろう。ここには、コンフリクトの場となりがちな合同生活圏がもつ積極的な一面が表れているように思われるのである。

　ここで「コ・プレゼンス」に関して少しばかり補足的な意見を述べさせていただきたい。co-presence とは文字通りには「共にあること」の意であり、そこから吉原氏は上記のような共同性の一つのあり方を読み取っている。しかし西洋諸語の中にはこれに類する語は他にもいくつかある。一つは「スタンバイ」stand by という成句である。これは文字通りには「そばに立つ」の意であるが、同時に「待つ」、「助ける」の意味を合わせもっている。すなわち、「そばに立つ」とは「寄りそう」ことであり、「寄り添って」ひたすら「待つ」ことが「助ける」ことにつながるのである。ドイツ語の beistehen も同様で、bei（＝by）と stehen

（＝stand）の組み合わせで「助ける」の意味を有している。また多くの西洋諸語に取り入れられている assist（英）も同じ発想の語である。この語はラテン語の assistere に由来し、これは ad（そばに）＋sistere（立つ）という構成でやはり「そばに立つ」から「助ける」の意味が生じている。これらの類語を「コ・プレゼンス」と並べてみるとき、それらは「コ・プレゼンス」の深みと広がりを照らし出してくれるように思われるのである。

　思えば我々主催者もシンポジウムの3日間は、報告者の「そばに立ち」、その語りを「待ち」、語りによって大いに「助け」られた。そうした「コ・プレゼンス」の成果の一つが「合同生活圏」の意味の明確化と豊饒化であったといえるだろう。このように振り返ってみると「合同生活圏」とは我々にとって、そしておそらく報告者諸氏にとっても、実体概念ではなく発見的 heuristic 概念であり、手探りで前に進もうとするときわずかな光で前方を照らし出し方向を指し示しくれる探照灯であった。このことに気づかせてくれた報告者諸氏に改めてあつく御礼申し上げたい。

（大黒　俊二）

大阪市立大学文学研究科叢書　および　編集委員会について

『大阪市立大学文学研究科叢書』は、2002年、文学研究科の研究業績を広く一般に公表するために企画されました。その目的は、大阪市立大学大学院文学研究科の研究成果を公刊し、人文・社会科学研究の推進発展に寄与するとともに、自由闊達で深い思考・叡智の集積により、人間社会の未来に貢献することにあります。

『大阪市立大学文学研究科叢書』として刊行されるものは、
1　文学研究科教員の個人研究、および文学研究科教員・大学院学生等が中心となった共同研究の成果で、とくに学術的価値が高いもの
2　都市文化研究センターにおいてまとめられた研究成果
3　文学研究科が主催する国内外の研究会・シンポジウム等の成果
4　その他、文学研究科における研究活動の諸成果のうち、広く社会に公表する意義があると認められるもの
　　となっています。

叢書編集委員会は、文学研究科図書刊行委員会において審査の上、承認された『大阪市立大学文学研究科叢書』の企画・編集および出版に関する業務を担う委員会であり、文学研究科教員から選出された数名の委員で構成されています。

2018年9月　　　　　　　文学研究科叢書編集委員会　委 員 長　大　場　茂　明
　　　　　　　　　　　　　　　　　　　　　　　委　　員　大　黒　俊　二
　　　　　　　　　　　　　　　　　　　　　　　　　　　　草　生　久　嗣
　　　　　　　　　　　　　　　　　　　　　　編集補佐　石　川　　　優

The Editorial Committee for the OCU GSLHS Books

The editorial committee consists of several members selected from GSLHS (Osaka City University, Graduate School of Literature & Human Sciences). The duties of the committee are the planning, editing, and publishing of the OCU GSLHS Books. We have started the planning and publishing of the series of GSLHS Books in 2002. The aims of the series are to make the achievements of research and education at GSLHS public to Japan and the whole world, to contribute to development of the humanities and social sciences, and also, to make great contributions for the better future of human beings.

What are published as GSLHS Books
 1. Research achievements with great scientific value by the academic staff, post-doctoral graduates and graduate students of GSLHS.
 2. Achievements by the OCU Urban-Culture Research Center (UCRC).
 3. Reports of international academic meetings/symposiums by GSLHS.
 4. In addition, the important achievements of GSLHS, which are deemed worth publishing.

Editor
OBA, Shigeaki

Editorial Board
OGURO, Shunji
KUSABU, Hisatsugu
ISHIKAWA, Yu

大場 茂明	OBA Shigeaki	大阪市立大学大学院文学研究科教授
大黒 俊二	OGURO Shunji	大阪市立大学大学院文学研究科教授
草生 久嗣	KUSABU Hisatsugu	大阪市立大学大学院文学研究科准教授

ヨアヒム・ラートカウ　Joachim Radkau　ドイツ・ビーレフェルト大学名誉教授
海老根　剛　EBINE Takeshi　大阪市立大学大学院文学研究科准教授
吉原　直樹　YOSHIHARA Naoki
　　　　　　東北大学名誉教授・横浜国立大学大学院都市イノベーション研究院教授
青木　聡子　AOKI Soko　名古屋大学大学院環境学研究科准教授
菅　　　豊　SUGA Yutaka　東京大学東洋文化研究所教授
ヴォルフガング・カシューバ　Wolfgang Kaschuba　ドイツ・フンボルト大学教授
森　　明子　MORI Akiko　国立民族学博物館教授
北村　昌史　KITAMURA Masafumi　大阪市立大学大学院文学研究科教授

文化接触のコンテクストとコンフリクト
〈環境・生活圏・都市〉
◉大阪市立大学文学研究科叢書　第10巻◉

2018年8月31日　初版発行

編　者　大場茂明・大黒俊二・草生久嗣
発行者　前田博雄
発行所　清文堂出版株式会社
　　　　〒542-0082　大阪市中央区島之内2-8-5
　　　　電話06-6211-6265　FAX06-6211-6492
　　　　http://www.seibundo-pb.co.jp

印刷：亜細亜印刷株式会社　製本：株式会社渋谷文泉閣
ISBN978-4-7924-1092-6 C3320

アジア都市文化学の可能性
大阪市立大学文学研究科叢書第1巻
大阪市立大学大学院文学研究科アジア都市文化学教室編　橋爪紳也責任編集
2002年に開催された「アジア都市文化学専修」開設記念国際シンポジウムの記録集。
ISBN4-7924-0535-1　330頁　本体7500円

都市の異文化交流《大阪と世界を結ぶ》
大阪市立大学文学研究科叢書第2巻
大阪市立大学文学研究科叢書編集委員会編
大阪市立大学創立50周年記念シンポジウムとインターナショナルスクールの中から厳選する。
ISBN4-7924-0553-X　306頁　本体6500円

東アジア近世都市における社会的結合
大阪市立大学文学研究科叢書第3巻
井上徹・塚田孝・大阪市立大学文学研究科叢書編集委員会編
都市における社会の流動性や周縁性の観点から、東アジア近世都市をとらえ直す。
ISBN4-7924-0580-7　338頁　本体6500円

近代大阪と都市文化
大阪市立大学文学研究科叢書第4巻
大阪市立大学文学研究科叢書編集委員会編
都市を学問創造の場ととらえるプロジェクトから近代の大阪をテーマとしてセレクト。
ISBN4-7924-0614-5　284頁　本体6200円

都市文化理論の構築に向けて
大阪市立大学文学研究科叢書第5巻
大阪市立大学都市文化研究センター編
グローバリズムの潮流の中でどのように都市文化を蓄積し、創造していくのかを提言する。
ISBN978-4-7924-0622-6　290頁　本体6500円

文化遺産と都市文化政策
大阪市立大学文学研究科叢書第6巻
大阪市立大学都市文化研究センター編
歴史的文化遺産の保存と活用など、魅力ある都市の創造に向けて可能性を考える。
ISBN978-4-7924-0676-9　262頁　本体5800円

都市の歴史的形成と文化創造力
大阪市立大学文学研究科叢書第7巻
大阪市立大学都市文化研究センター編
アジア海域の都市がどのような特色ある文化創造力を発揮したのかをさぐる。
ISBN978-4-7924-0942-5　302頁　本体6500円

近世身分社会の比較史〈法と社会の視点から〉
大阪市立大学文学研究科叢書第8巻
塚田 孝・佐賀 朝・八木 滋・大阪市立大学都市文化研究センター編
多様な社会集団を「法と社会」「身分的周縁」「比較類型史」の視点から解明する。
ISBN978-4-7924-1013-1　446頁　本体9800円

東アジアの都市構造と集団性〈伝統都市から近代都市へ〉
大阪市立大学文学研究科叢書第9巻
井上 徹・仁木 宏・松浦恆雄編
東アジアの都市がどのように発展してきたかを把握する比較史的研究の方法を確立する。
ISBN978-4-7924-1053-7　326頁　本体8200円